TRABALHO E SERVIÇO SOCIAL

Dados Internacionais de Catalogação na Publicação (CIP)
(Câmara Brasileira do Livro, SP, Brasil)

Trabalho e serviço social / (org.) Maria Liduína de Oliveira e Silva...[et al.]. -- São Paulo : Cortez : CAPES, CNPq, UNIFESP, 2024.

Vários autores.
Outros organizadores: Claudia Mazzei Nogueira, Joana das Flores Duarte, Maria de Fátima Ferreira Queiróz
ISBN 978-65-5555-500-4

1. Assistência social 2. Direitos humanos 3. Educação popular 4. Discriminação contra mulheres 5. Discriminação de gênero 6. Discriminação racial 7. Serviço social 8. Serviço social - Aspectos políticos I. Silva, Maria Liduína de Oliveira e. II. Nogueira, Claudia Mazzei. III. Duarte, Joana das Flores. IV. Queiróz, Maria de Fátima Ferreira.

24-234258 CDD-361.3

Índices para catálogo sistemático:

1. Serviço social 361.3

Cibele Maria Dias - Bibliotecária - CRB-8/9427

Maria Liduína de Oliveira e Silva
Claudia Mazzei Nogueira
Joana das Flores Duarte
Maria de Fátima Ferreira Queiróz
(Org.)

TRABALHO E SERVIÇO SOCIAL

São Paulo – SP

2024

CORTEZ EDITORA

Apoio:

CAPES
verba PROAP

CNPq
Conselho Nacional de Desenvolvimento Científico e Tecnológico

UNIFESP
Universidade Federal de São Paulo
1933

TRABALHO E SERVIÇO SOCIAL
Maria Liduína de Oliveira e Silva, Claudia Mazzei Nogueira,
Joana das Flores Duarte, Maria de Fátima Ferreira Queiróz (org.)

Direção Editorial: Miriam Cortez
Coordenação editorial: Danilo A. Q. Morales
Assistente editorial: Gabriela Orlando Zeppone
Preparação de originais: Amélia Ward
Revisão: Ana Paula Luccisano
Agnaldo Alves
Projeto gráfico e diagramação: Linea Editora
Capa: Maurício Ribeiro

Direitos para esta edição
CORTEZ EDITORA
R. Monte Alegre, 1074 – Perdizes
05014-001 – São Paulo-SP
Tel.: +55 11 3864 0111
editorial@cortezeditora.com.br
www.cortezeditora.com.br

Impresso no Brasil – novembro de 2024

Para a querida
MILCA INÁCIO DE OLIVEIRA PASCOAL

Gratidão, carinho e admiração por ti!

O hortelão carrega o jugo.
Seus ombros se dobram debaixo do jugo.
No pescoço, tem um calo purulento.
Pela manhã rega legumes.
Pela tarde, rega pepinos.
Ao meio-dia, rega palmeiras.
Às vezes desmorona e morre.

Em Galeano, escrita do escriba Dwa-Jeti, há uns quatro mil anos.

GALEANO, E. *Espelhos*. Porto Alegre: L&PM, 2008. p. 19.

Sumário

Prefácio

Já sofri o suficiente
para não enganar a ninguém:
principalmente aos que sofrem
na própria vida, a garra
da opressão, e nem sabem.

Não tenho o sol escondido
no meu bolso de palavras.
Sou simplesmente um homem,
para quem já a primeira
e desolada pessoa
do singular — foi deixando
devagar, sofridamente
de ser, para transformar-se,
— muito mais sofridamente —
na primeira e profunda
pessoa do plural.

Trechos do poema "Para os que virão", de Thiago de Mello.

A palavra que subjaz a poesia alimenta o espírito humano, por evocar os desejos, os anseios, os conflitos inerentes ao indivíduo e a generidade, o seu ser em si, a sua subjetividade imersa na vida social. De modo diferenciado da arte que emana da poesia, a escrita científica, tão válida quanto a poesia, demonstra a história das sociedades, revelando ou mascarando as contradições sociais que as fundam. Eis então o grande desafio do saber científico no campo das humanidades: produzir um conhecimento que conecte o ser social aos fundamentos da sua existência material e desvele as desigualdades que as sociedades de classe produziram, no desejo voraz e alienante de acumular riqueza.

Refletir, pesquisar, produzir conhecimentos mudaram a tônica do Serviço Social brasileiro, demonstrada historicamente no avanço e na qualidade crítico-analítica da sua produção teórica sobre temas relacionados à formação, ao trabalho profissional e às diversas expressões da "questão social" na realidade contemporânea. Este processo foi inaugurado no movimento de reconceituação, com a construção da crítica ao conservadorismo, a influência do Serviço Social tradicional. Uma construção coletiva de profissionais, de intelectuais comprometidos(as) com a renovação profissional no Brasil (Netto, 2007), que se consolidou na aproximação às fontes originais do pensamento marxiano e ao encontro da profissão com a história da sociedade (Iamamoto; Santos, 2021). Essa consolidação se firma numa perspectiva de análise que remete à totalidade social, a despeito das inúmeras tentações, encantos que os ventos da pós-modernidade, do irracionalismo, com o apelo às reflexões singulares, vêm influenciando nas Ciências Sociais e no Serviço Social, como áreas de conhecimento.

Na trilha deste caminho de análise assertiva, a Coletânea *Trabalho e Serviço Social*, que ora prefaciamos com muita honra e carinho, segue desvendando a trama da complexidade dos fenômenos sociais, pois os capítulos resultam de fecundas pesquisas e ações de extensão realizadas por docentes, profissionais e discentes dos Grupos/Núcleos de Estudos, Pesquisas e Extensão vinculados ao Programa de Pós-Graduação em Serviço Social e Políticas Sociais (PPGSSPS) da Universidade Federal de São Paulo (Unifesp), sobre temas que abordam as transformações atuais no mundo do trabalho, sua relação com o trabalho do assistente social e os inúmeros desafios que decorrem dessa relação, atravessados pelas desigualdades sociais, pelas opressões étnico-raciais e de gênero, pelas alterações aviltantes na divisão social e técnica do trabalho, pelas precárias condições de trabalho, de moradia e de reprodução social da classe trabalhadora.

Esta é, a nosso ver, a função precípua da Universidade brasileira — produzir um saber científico que contribua para desvelar criticamente a complexa trama dos fenômenos sociais que aviltam o trabalho e a vida da classe trabalhadora. Assim, a análise da configuração do mundo do trabalho e da particularidade do trabalho do assistente social na sociedade contemporânea requer o domínio teórico-metodológico dos fundamentos ontológicos do trabalho (trabalho fundante e trabalho abstrato) e a construção de mediações históricas que possibilitem explicitar a dinâmica do desenvolvimento capitalista, sua relação com o Estado e com as classes sociais, haja vista a necessidade de desvendar as agruras a que a classe trabalhadora está submetida, classe afetada pelas contradições destrutivas da reprodução do capital no século XXI no Brasil.

Cumpre destacar, neste contexto de análise dos fenômenos, que o capitalismo contemporâneo, desde os idos de 1970, está imerso numa crise estrutural provocada pelo acirramento das contradições do sistema sociometabólico do capital (Mészáros, 2009), demonstrando mundialmente os limites das suas possibilidades de enfrentamento. Contexto em que também se mantém uma relação desigual entre as economias de países centrais e periféricos quanto à produção, à circulação de mercadorias e aos processos de acumulação. O avanço exponencial da crise, conforme já analisado por estudiosos, requereu uma reestruturação capitalista/produtiva, expressa na proposta da acumulação flexível, a qual irá alterar significativamente os rumos da reprodução do capital, propiciada pela aceleração do desenvolvimento tecnológico, seguindo a tendência da lei geral da acumulação capitalista (Marx, 1988). O avanço tecnológico, derivado da incorporação da microeletrônica e da informática na esfera da produção e dos serviços, desde 1980, irá redimensionar os processos de acumulação e o trabalho, tornando-os flexíveis. Isso impacta, sobretudo, o acesso dos trabalhadores ao emprego, às "novas" relações de trabalho flexíveis, terceirizadas, e a sua organização de classe, demonstrando a necessidade premente do capital em intensificar as formas de controle, de subordinação da força de trabalho.

Há que se destacar, nesta realidade adversa às necessidades de reprodução dos trabalhadores, o processo regressivo das políticas sociais com o avanço do neoliberalismo e da reestruturação produtiva que reduz o acesso a direitos sociais e trabalhistas, previstos pelas reformas trabalhista e da previdência social.

Assim, a análise dos fenômenos na área do trabalho, no recrudescimento atual da reestruturação produtiva, conforme realizada pelos autores desta coletânea, se torna imprescindível, pois as mudanças vêm atingindo o bem-estar físico e espiritual, a consciência, as formas ideológicas e as condições de trabalho da classe trabalhadora. O imperativo tecnológico que herda o sistema do capital, posto pela lei geral da acumulação capitalista, se desenvolve intensa e tendencialmente. Isso se realiza haja vista a urgência em garantir a reprodução incessante da composição orgânica do capital, que ativa não só a redução do tempo de produzir e a vida útil das mercadorias (obsolescência programada) para revigorar a acumulação, mas, fundamentalmente, intensifica e diversifica as formas de exploração da mais-valia e o controle do trabalho, redesenhando econômica, social e politicamente a sociedade atual.

De modo incontrolável, vem ocorrendo uma precarização crescente das condições de trabalho e de vida da classe trabalhadora nos países periféricos e centrais; alterações substantivas na divisão do trabalho expressas nos recentes processos de "intelectualização" (polivalência, multifuncionalidade) e de desqualificação de trabalhadores em vários segmentos produtivos e de serviços, os quais ampliam a fragmentação típica da divisão do trabalho e, contraditoriamente, intensificam a exploração do trabalho, o desemprego e a informalidade, provocados pela dinâmica voraz do desenvolvimento tecnológico, agravado pela inserção das Tecnologias da Informação e Comunicação (TICs) nos processos de trabalho, pela configuração do desemprego estrutural e pela ampliação das formas de alienação (Antunes, 2018).

Tais elementos expressam a combinação contraditória de relações de continuidade e de descontinuidade com os processos produtivos anteriores (taylorismo/fordismo). No entanto, mantêm intactos os pilares da sociabilidade capitalista e de suas tendências de desenvolvimento desigual, as quais ampliam os processos de subordinação do trabalho, bem como as formas destrutivas da intervenção do capital sobre a natureza e a sociedade.

Em tempos de barbárie, de decadência ideológica, de desigualdades sociais aviltantes nos países periféricos, de avanço do desemprego estrutural, de ascendência da guerra entre a Ucrânia e a Rússia e da guerra contra o Hamas que tornam o genocídio de mulheres e crianças uma prática corrosiva da vitalidade da generidade humana, cumpre ressaltar o quanto o legado crítico-dialético do Serviço Social brasileiro vem contribuindo para desvendar essa dinâmica regressiva da história da humanidade no mundo atual e, em particular, no Brasil.

Na riqueza da diversidade dos nove capítulos e da apresentação da Coletânea se entrelaça a relação entre Trabalho e Serviço Social. Está demonstrado o esforço hercúleo dos(as) pesquisadores(as) em desvendar a realidade social e os dilemas contemporâneos postos à profissão, a partir da reflexão crítico-analítica dos seguintes temas: fundamentos da dinâmica contemporânea do trabalho em formações sócio-históricas periféricas matizadas pelo racismo estrutural; trabalho, terra e questão indígena; construção de resistências políticas na luta pela moradia no espaço urbano na Baixada Santista; direitos humanos, política e educação popular; educação popular e a dimensão educativa do trabalho do assistente social; divisão sociossexual do trabalho e discriminação interseccional no mercado ilícito e informal de drogas; violência racista, heteropatriarcal contra a mulher; trabalho, questão social e racismo; trabalho, transformações societárias e Serviço Social.

As reflexões revelam o amadurecimento da análise ancorada na crítica da economia política, de temas tão caros à profissão, ao tempo em que expõem os novos caminhos dos estudos que o Serviço Social brasileiro vem sendo desafiado a aprofundar na atualidade, como a questão indígena, o racismo, as formas de violência contra a mulher, a divisão sociossexual do trabalho, os direitos humanos e a superexploração do trabalho como expressões do desenvolvimento desigual do capitalismo dependente. Reflexões que denotam o enraizamento do projeto ético-político na profissão e na sociedade, pois possibilitam desvendar *o social* a partir das alterações significativas que engendram o mundo do trabalho e as classes, os sujeitos históricos que vivenciam as formas gritantes de opressão e exploração.

Por fim, convido a todos e a todas à leitura desta Coletânea, pois as reflexões nos instigam a continuar como trabalhadores(as) nas trincheiras das lutas sociais para fortalecer o projeto ético-político do Serviço Social e construir, *no plural*, conforme nos diz o poeta, a tão almejada emancipação humana, com a ruptura da exploração do trabalho abstrato e das desumanidades, barbáries produzidas na sociabilidade regida pelo capital.

Reivan Marinho de Souza
Assistente social. Professora do Programa de Pós-Graduação em Serviço Social (PPGSS) e da Faculdade de Serviço Social (FSSO) da Universidade Federal de Alagoas (Ufal).

Referências

ANTUNES, R. *Os sentidos do trabalho*: ensaios sobre a afirmação e negação do trabalho. São Paulo: Boitempo, 1999.

ANTUNES, R. *O privilégio da servidão*: o novo proletariado dos serviços na era digital. São Paulo: Boitempo, 2018.

IAMAMOTO, M. V.; SANTOS, C. M. Introdução. *In*: IAMAMOTO, M. V.; SANTOS, C. M. (org.). *A história pelo avesso*: a reconceituação do Serviço Social na América Latina e interlocuções internacionais. São Paulo: Cortez Editora; CNPq, 2021.

MARX, K. A lei geral da acumulação capitalista. *In*: MARX, K. *O capital*: crítica da economia política. Tradução: Regis Barbosa e Flávio R. Kothe. São Paulo: Nova Cultural, 1988. t. 2, v. 1.

MELLO, T. de. Para os que virão. *In*: MELLO, T. de. *Os estatutos do homem*. Cotia: Vergara e Riba Editoras Ltda., 2004.

MÉSZÁROS, I. *A crise estrutural do capital*. Tradução: Francisco Raul Cornejo. São Paulo: Boitempo, 2009.

NETTO, J. P. A renovação do Serviço Social sob a autocracia burguesa. *In*: NETTO, José Paulo. *Ditadura e serviço social*: uma análise do serviço no Brasil pós-64. 11. ed. São Paulo: Cortez Editora, 2007.

Apresentação

Trabalho e Serviço Social: reflexões e desafios contemporâneos

Maria de Fátima Ferreira Queiróz

Maria Liduína de Oliveira e Silva

Claudia Mazzei Nogueira

Joana das Flores Duarte

As transformações no mundo do trabalho afetaram, e afetam, as(os) trabalhadoras(es), seus direitos e sua forma de existir e resistência. Elas(es) tiveram seus trabalhos precarizados, incluindo a precarização das condições de trabalho, redução na oferta de trabalho levando grande massa de trabalhadoras(es) ao desemprego no mundo, redução salarial com baixos níveis de remuneração, desvalorização das(os) trabalhadoras(es), intensificação do trabalho, perdas no controle do trabalho, entre outros elementos do processo de mudanças no fazer e viver o trabalho. As mudanças passam a ser visíveis desde 1970, quando se estabelece um processo de reestruturação do sistema produtivo consequente à crise estrutural do capitalismo. Nesse processo se inserem as transformações presentes em vários processos de trabalho com exigência de nova organização e construção ideológica, por parte da classe empresarial, de uma nova cultura organizacional imbricada com a exploração e opressão das(os) trabalhadoras(es).

Nesta linha, apresentamos alguns elementos do novo modo de trabalhar, enfatizando que as complexidades das mudanças no trabalho exigem atenção tanto no que versa sobre o trabalho que as pessoas vivem, profissionais envolvidos em seu espaço de trabalho, como das múltiplas reflexões e desafios que estudiosas(os) e pesquisadoras(es) desenvolvem no campo de sociologia do trabalho e também na relação com o Serviço Social.

Assim, na compreensão do trabalho contemporâneo, os desafios são muitos. Um dos primeiros desafios é o domínio intelectual do significado do trabalho na sociedade capitalista. Compreender, bem como assumir a centralidade do trabalho, é fundamental para interpretar as relações sociais presentes na crise do capital e suas repercussões nas expressões da questão social.

Para tanto, buscamos ancoragem em autores como Lukács (2018), que considera o trabalho como categoria fundante do ser social, e mediado pela divisão sociossexual e racial do labor nos "modos" de produção presentes nos últimos séculos de nossa história. Lukács nos apresenta que no trabalho estão contidas *in nuce* todas as determinações que "[...] constituem a essência do ser social. O trabalho pode ser considerado, portanto, como o fenômeno originário, como modelo do ser social [...]" (Lukács, 2018, p. 10). Se desejarmos construir uma abordagem mais sedimentada, pautada no trabalho como fundante do ser social, temos como tarefa buscar a compreensão histórica do trabalho em nossa Afro-América Latina. Se não compreendemos a visão histórica da formação do trabalho na relação com o nosso território da América Latina, isso nos dificulta entender a centralidade do trabalho como fundante da sociabilidade humana.

Nesse sentido, a recuperação da formação histórica do trabalho, ancorado pelo materialismo dialético, nos direciona à origem da formação da sociedade brasileira, no modo de produção escravista colonial e, consequentemente, nos permite uma análise mais densa e com visão de totalidade do trabalho na atualidade, no século XXI.

Para essa construção histórica do processo escravista colonial, buscamos autores como Williams (1975), Gorender (2016), Moura (2021, 2020), Kowarick (2019), Saes (1985), dentre outros que criticamente voltam suas análises para o escravismo colonial e a formação da sociedade brasileira. A história de nossa Afro-Latino América é incluída na divisão internacional do trabalho, e Galeano (2018, p. 17) nos lembra de que nessa divisão há o significado que alguns países se especializaram em "ganhar" e outros em "perder", e que a América Latina, precocemente, se especializou em "perder" desde que os europeus do Renascimento singraram os mares (em uma aventura) e nos cravaram os dentes na garganta.

Compreender a construção e evolução de nosso imenso território nos impulsiona a desvendar, e apreendermos, intelectualmente, qual a relação entre as atuais transformações do trabalho no nível global, e no nível particular de nossa Afro-Latino América, em especial o Brasil, e a história escravista colonial. Olhar para essa história nos possibilita resistir e esperançar construções mais equânimes.

Por um lado, a atual configuração do trabalho é marcada por desemprego estrutural, terceirização, subemprego, uberização, trabalho digital e de plataformas e, por outro, pelo avanço do uso das Tecnologias da Informação e Comunicação (TICs), que geram novas demandas para o trabalho em geral e para o trabalho do(a) assistente social em particular.

No caso da terceirização, os mais afetados, seja no setor privado, seja no público, são as(os) trabalhadoras(es) que se encontram submetidas(os) a esta realidade, pois o salário se encontra rebaixado, trabalhadoras(es) estão sob as mais variadas formas de exploração e, evidentemente, o grande beneficiário deste processo é a empresa capitalista neoliberal (França Junior, 2017, p. 207).

A respeito das dimensões da precarização do trabalho, Antunes (2007, p. 13) oferece uma interessante análise sobre a condição de precarização das(os) trabalhadoras(es) e do trabalho, considerando o processo como um movimento pendular em que: de um lado do pêndulo, observam-se menos mulheres e homens trabalhando muito, em intensidade e ritmo; e, de outro lado do pêndulo, cada vez mais mulheres e homens trabalhadoras(es) encontram menos trabalho. Essa condição promove uma tendência aumentada da precarização do trabalho no nível global. A reestruturação do trabalho na concepção ideológica do capitalismo neoliberal conta, portanto, com elementos de intensificação do trabalho, "mais trabalho", como refere Dal Rosso[1] (2008), e menos emprego, menos trabalho e mais lucro para os donos dos meios de trabalho e da financeirização.

Com relação às tecnologias de informação e comunicação como nova configuração do trabalho, Antunes considera que se trata "[...] de um elemento central entre os distintos mecanismos de acumulação criados pelo capital financeiro de nosso tempo" (Antunes, 2020, p. 13). O autor alerta sobre o uso das TICs ao referir que "[...] é quase impossível hoje encontrar qualquer trabalho que não tenha alguma forma de dependência do aparelho celular" (Antunes, 2020, p. 15).

É essencial compreendermos que as novas demandas do mundo do trabalho incluem a construção intelectual de novas proposições geradas pela categoria de trabalhadoras(es) no Serviço Social, em especial no espaço que envolve as universidades e com intelectualidade que inclua análises críticas da nossa história. Nesse sentido, Netto, apresentando o livro de Engels, *A situação da classe trabalhadora na Inglaterra*, ressalta que "[...] prova-nos que no domínio das ciências sociais, ninguém pode produzir uma obra científica sem se

1. Para Dal Rosso (2008, p. 23): "Intensidades são aquelas condições de trabalho que determinam o grau de envolvimento do trabalhador, seu empenho, seu consumo de energia pessoal, seu esforço desenvolvido para dar conta de tarefas a mais". Refere ainda que: "Há pelo menos duzentos anos prevalece a hipótese de que as mudanças tecnológicas que acontecem de tempos em tempos, além de substituir o trabalho, também contribuem para aumentar o grau da intensidade".

ter desembaraçado previamente das ilusões da sociedade burguesa" (Engels, 2010, p. 34). E, neste ponto, a compreensão dialética crítica da história nos propõe desvendar as relações de explorações no trabalho e as contradições do capitalismo; enfim, estarmos prontos a romper com as ilusões que são elaboradas a partir da ideologia dominante na sociedade contemporânea.

Além disso, é importante visualizar que as transformações do trabalho promovem um incremento nas expressões da questão social no Brasil, ao mesmo tempo que a proteção social e do direito do trabalho estão sendo desregulamentadas com as Contrarreformas do Estado brasileiro, impactando a vida social.

Portanto, é com esse pano de fundo que surge a Coletânea ora apresentada, e tem o propósito de fomentar a reflexão crítica e o debate sobre o trabalho, no geral, e do trabalho em Serviço Social, atravessado pela desigualdade social e racial, pela diversidade de gênero e sexual e pelas gerações no contexto da destrutividade do capital com os seus limites civilizatórios no século XXI. Tem ainda o intento de explicitar em alguns capítulos as relações de trabalho dos(as) assistentes sociais e como as metamorfoses na esfera da produção assalariada atingiram essa categoria. E, dessa maneira, apontar algumas alternativas que a profissão apresentou frente às transformações societárias no mundo do trabalho que ocorreram durante o desenvolvimento histórico da profissão.

O livro apresenta textos que trazem elementos para pensar a conformação da classe trabalhadora, seus representantes coletivos, em específico, os sindicatos de trabalhadores e trabalhadoras, a divisão sociossexual do trabalho e étnico-racial, a questão urbana, rural, ambiental, a questão indígena e geracional. Esta temática sugere a reflexão sobre as particularidades das transformações do mundo do trabalho do Serviço Social, bem como oferece alguns elementos para facilitar o entendimento das atuais condições de trabalho de Assistentes Sociais, categoria essa que defende e compõe a classe trabalhadora.

Nessa linha, é importante demarcar que os nove capítulos que compõem esta Coletânea partem de um tempo presente, estabelecendo reflexões no âmbito da temática Trabalho e Serviço Social, posta hoje na sociedade, que atravessam questões para pensar a história do trabalho; terra e trabalho; direitos humanos, políticas sociais e resistência da classe trabalhadora; dimensão educativa do trabalho do(a) assistente social na educação popular; divisão sociossexual do trabalho e discriminação interseccional, violência contra a mulher, racismo e heteropatriarcado; trabalho, questão social e racismo; indígenas, terra, trabalho e Serviço Social; e transformações societárias, trabalho e Serviço Social.

Os capítulos, de modo geral, são produções que resultam de pesquisas ou de ações de extensão vinculadas aos Grupos/Núcleos de Estudos, Pesquisa e Extensão associados ao Programa de Pós-Graduação em Serviço Social e Política Social (PPGSSPS). Problematizam a complexidade, a sutileza e as metamorfoses do mundo do trabalho nesta nova fase do avanço do capitalismo, que é destrutiva da sociabilidade humana, as quais incidem no Serviço Social e, ao mesmo tempo, mostram os enfrentamentos, a luta permanente e histórica do Serviço Social pela ruptura contra as opressões, explorações e contra a tradição conservadora na profissão, inaugurada com o movimento de renovação, tributário do pensamento social de Marx.

O conjunto de conteúdo desta Coletânea está organizado em nove capítulos que reafirmam, a partir da crítica da economia política, a direção social do Projeto Ético-político da profissão, e identificam e recuperam as determinações sociais, políticas, econômicas e culturais latentes na formação econômica e social do Brasil.

Neste contexto, no capítulo 1, "Contribuições para repensar a história do trabalho", os(as) autores(as) abordam categorias teóricas fundamentais para repensar a formação socioeconômica, com a finalidade de revisar os "fatos" de acordo com a processualidade histórica prenhe de exploração, violência e opressão. As análises do colonialismo, escravismo, acumulação primitiva de capital, divisão internacional do trabalho, terra (monocultora e extrativista), conflito étnico-racial e racismo relacionadas à história do trabalho possibilitam a revisão e, por conseguinte, a necessária reafirmação da teoria social a serviço dos genuínos interesses do povo brasileiro e latino-americano.

Já o capítulo 2, "Terra e Trabalho: resistências políticas na Região Metropolitana da Baixada Santista", tem como centralidade as reflexões sobre as resistências cotidianas construídas por sujeitos sociais na Baixada Santista no campo do direito à cidade, mais especificamente no direito à moradia. Articula a dimensão das resistências à questão social e apresenta algumas experiências de lutas que se configuram como resistências ao avanço da lógica da acumulação capitalista.

O capítulo 3, "Direitos Humanos, Políticas Sociais e Educação Popular: formas de resistência da classe trabalhadora", reporta o processo de existir e resistir da classe trabalhadora no contexto hegemônico neoliberal. A partir da teoria crítica, discutem-se a garantia dos direitos humanos, como a proteção diante da violência de Estado, a importância das políticas sociais e da regulação das relações de trabalho para um projeto de desenvolvimento alternativo ao liberalismo econômico, e a educação popular como forma de resistência e de organização coletiva na perspectiva de um projeto societário emancipatório.

No capítulo 4, "Aproximações entre Serviço Social e Educação Popular: a dimensão educativa do trabalho profissional na defesa do Projeto Ético-político", as autoras abordam a relação entre Serviço Social e educação popular, problematizando a dimensão educativa do trabalho da(o) Assistente Social, e como essa práxis profissional possibilita o acesso à socialização da riqueza e fortalece o Projeto Ético-político do Serviço Social brasileiro.

O capítulo 5, "Divisão sociossexual do trabalho e discriminação interseccional: mulheres no mercado ilícito e informal de drogas", com base em pesquisa qualitativa com dados quantificáveis, busca mostrar a relação entre divisão sociossexual do trabalho e caráter seletivo do sistema de justiça e penal, cujos fundamentos filosóficos manifestam-se numa ação permanente, determinando o aprisionamento de pessoas a partir de sua condição de classe, raça e gênero.

O capítulo 6, "A violência contra a mulher na sociedade capitalista, racista e heteropatriarcal: reflexões para a formação em Serviço

Social", apresenta reflexões sobre o debate teórico e análise da realidade concreta, a partir de dados atuais sobre a violência contra a mulher praticada pelos homens e marcada por esta sociabilidade. Traz a reflexão a partir dos fundamentos do Serviço Social e da questão social, demonstrando a importância desta problemática para nossa formação profissional e profissão que é composta por mulheres em sua maioria, atendendo majoritariamente a outras mulheres em seu cotidiano profissional.

O capítulo 7, "Trabalho, questão social e racismo no Brasil: desafios ao Serviço Social", ao reconhecer a relação capital/trabalho como determinação fundamental para o entendimento da questão social, aponta a sua insuficiência na análise da questão social no Brasil diante da história que marca a formação social brasileira e a constituição do capitalismo no país. Afirma o racismo como uma determinação sem a qual é impossível compreender a condição diferenciada de trabalho, de vida e de organização da parcela negra da classe trabalhadora. Sinaliza como desafio para o Serviço Social a investigação dos elementos que se entrelaçam à exploração da relação capital/trabalho, dentre os quais está presente o racismo.

O capítulo 8, "Indígenas, Terra, Trabalho e Serviço Social", trata do recorte de análise das transformações sociais na vida e no trabalho de populações indígenas expropriadas com a construção da hidrelétrica de Itaparica, sertão de Pernambuco[2]. Analisa as mudanças e continuidades na produção e reprodução da vida, no acesso a bens do ecossistema tradicional e ambiental, e a mudança compulsória, própria da expropriação indígena dos territórios ribeirinhos.

O capítulo 9, o último da coletânea, "Transformações societárias, trabalho e Serviço Social", debate as relações entre trabalho e Serviço

2. SILVA, Elizângela Cardoso de Araújo. *Indígenas Pankararu no sertão de Pernambuco*: vida, deslocamentos e trabalho. 2020. Tese (Doutorado) — Universidade Federal de Pernambuco, Recife, 2020. Também são apresentadas na tese as condições de vida e de produção próprias da vida indígena nas aldeias no período de 1970-1990 e na realidade dos anos 2000, até o contexto da segunda década do século XXI (2019).

Social no atual estágio de acumulação capitalista. Ele o faz articulando, dialeticamente, as atuais determinações da ordem burguesa e suas particularidades no centro e na periferia do capital. Como situar o Serviço Social, como profissão, nesse complexo contexto?

Precisamos anunciar nossos agradecimentos às(aos) autoras(es) (docentes, discentes e egressos) que fazem com excelência esta produção, o cotidiano do nosso Programa, e contribuem com suas pesquisas e inserções para o desenvolvimento da região da Baixada Santista.

Por fim, queremos agradecer de modo muito especial à Milca Inácio de Oliveira Pascoal, pois sem ela não conseguiríamos chegar a esta publicação. Milca é responsável pela secretaria do nosso Programa de Pós-Graduação em Serviço Social e Políticas Sociais, que — com zelo, dedicação e gosto — tem trabalhado tanto por nós que nem sabemos enumerar. Muito obrigada por caminhar junto conosco!

Referências

ANTUNES, R. *Uberização, trabalho digital e indústria 4.0*. São Paulo: Boitempo, 2020.

ANTUNES, R. Dimensões da precarização estrutural do trabalho. *In:* DRUCK, G.; FRANCO, T. (org.). *A perda da razão social do trabalho*: terceirização e precarização. São Paulo: Boitempo, 2007.

DAL ROSSO, S. *Mais trabalho*: a intensificação do labor na sociedade contemporânea. São Paulo: Boitempo, 2008.

ENGELS, F. *A situação da classe trabalhadora na Inglaterra*. Apresentação: José Paulo Netto. São Paulo: Boitempo, 2010.

FRANÇA JUNIOR, L. B. A terceirização nos setores público/privado: a falsa dicotomia e a cruel realidade. *In:* NAVARRO, V. L.; LOURENÇO, E. Â. de S. (org.). *O avesso do trabalho IV*: terceirização, precarização e adoecimento no mundo do trabalho. São Paulo: Outras Palavras, 2017.

GALEANO, E. *As veias abertas da América Latina*. Porto Alegre: L&PM, 2018.

GORENDER, J. *O escravismo colonial*. São Paulo: Expressão Popular; Perseu Abramo, 2016.

KOWARICK, L. *Trabalho e vadiagem*: a origem do trabalho negro no Brasil. 3. ed. São Paulo: Editora 34, 2019.

LUKÁCS, G. *Para a ontologia do ser social*. Maceió: Coletivo Veredas, 2018. v. 14.

MOURA, C. *O negro, de bom escravo a mau cidadão?* São Paulo: Dandara, 2021.

MOURA, C. *Dialética radical do Brasil negro*. São Paulo: Anita Garibaldi, 2020.

SAES, D. *A formação do Estado burguês no Brasil (1888-1891)*. São Paulo: Paz e Terra, 1985.

WILLIAMS, E. *Capitalismo e escravidão*. Rio de Janeiro: Companhia Editora Americana, 1975.

CAPÍTULO 1

Contribuições para repensar a história do trabalho

Ricardo Lara

Maria de Fátima Ferreira Queiróz

> *Lutámos. As guerras dos portugueses foram mais fortes e corremos de um lado para outro, enquanto os barcos negreiros transportavam escravos para os quatro cantos do mundo.*
>
> (Paulina Chiziane[1], *O alegre canto da perdiz)*

1. Paulina Chiziane é escritora negra, romancista, se diz contadora de histórias de Moçambique. Grande vencedora do Prêmio Camões em 2021.

Introdução

Recuperar a história apagada por interesses ideológicos externos e metropolitanos é tarefa necessária que deve ser parte constituinte da formação acadêmica dos cursos de graduação e de pós-graduação, bem como do ensino fundamental e do ensino médio. No entanto, é preciso retomar a análise da história e investigar a escravização e o colonialismo na América e, por conseguinte, como se estruturaram o trabalho e suas relações sociais, além de compreender que a força de trabalho indígena e africana foi o pilar da história do trabalho no continente americano.

Neste capítulo, a intenção é percorrer, embora brevemente, a relação do trabalho e da escravização como processualidade fundamental para o entendimento de nossa formação socioeconômica, que tem no racismo uma das estratégias de exploração e opressão na consolidação do capitalismo dependente. É imperativo, nos processos de investigação científica sobre a formação e história do trabalho na Afro-Latino América[2], a compreensão da coexistência dialética entre colonialismo e escravismo, a importância do tráfico negreiro alimentador do

---

2. Neste capítulo, optamos pelo uso de Afro-Latino América pela compreensão da realidade histórica e cultural que nos apresenta Lélia Gonzalez em seu livro *Por um feminismo Afro-Latino-Americano*. A autora nos convoca a refletir em dois aspectos: (1) "Toda linguagem é epistêmica. Nossa linguagem deve contribuir para o entendimento de nossa realidade" (citando Molefi Kete Asante, criador da perspectiva afrocentrada); (2) "Uma ideologia da libertação deve encontrar sua experiência em nós mesmos; ela não pode ser externa a nós e imposta por outros que não nós próprios; deve ser derivada da nossa experiência histórica e cultural particular" (citando José Nun) (Gonzalez, 2020, p. 136-137). Lélia Gonzalez adota Amefricanidade na sua construção do feminismo Afro-Latino-Americano. Optamos, portanto, pela Afro-Latino América no sentido de resgatar e trazer a realidade de nossa origem, como povo brasileiro, formado por indígenas, europeus e africanos escravizados.

capital comercial (inglês e português), a resistência dos escravizados e suas rebeldias, pois ao considerarmos esses pressupostos, temos as condições teóricas e políticas para elaborarmos uma história que de fato interesse a classe trabalhadora latino-americana.

Entretanto, abordar por meio da investigação científica as relações de dominação entre as nações, bem como as subalternidades produzidas culturalmente pela própria produção e divulgação de conhecimentos, é uma tarefa que na última década se impõe para o pensamento crítico latino-americano e, sobretudo, para o Serviço Social, que constrói sua trajetória científica na contramão do adesismo e modismo da constante *decadência ideológica* que se recicla nas ciências sociais e humanas diante de suas especializações endogenistas. A revisão e a reconstrução das "narrativas" da *história global e regional* são possibilidades únicas para romper com as subalternidades epistêmicas, tão presentes no último século quando falamos de ciência, principalmente quando nos referimos às relações entre Europa e América do Sul[3].

O trabalho e suas relações sociais

Ao abordarmos a história do trabalho, temos necessariamente que resgatar as categorias *terra, trabalho* e *capital.* Essas categorias teóricas expressam, em suas determinadas relações históricas, as explorações e as dominações, sejam entre os povos, nações ou classes sociais.

A terra, durante os séculos XVI e XIX, mais especificamente na sua condição de produzir renda e produtos tropicais, diante das relações sociais dominadas pelas metrópoles colonialistas, foi muito mais do que um território ocupado do além-mar da Europa, antes

3. Neste capítulo, recuperamos reflexões presentes em: LOLE, A.; STAMPA, I. *Trabalho, capitalismo e superexploração no Brasil contemporâneo.* Prefácio: R. Lara. Rio de Janeiro: Mórula Editorial, 2023.

foi a condição de produzir riqueza por meio da monocultura e do extrativismo degradante de recursos naturais e da consolidação do trabalho escravizado.

No colonialismo, o escravizado não tinha direito a seu próprio corpo, era uma mercadoria traficada, e o direito a terra era ainda menos possível. O escravizado era a principal energia da riqueza, pelo menos até quando durou o tráfico internacional de escravizados da África, pois este era um grande ramo do comércio mercantilista. No processo de produção brasileiro desenvolvido no escravismo, a terra doada pela Coroa era praticamente gratuita e valia muito pouco, pois as extensões do território e o sistema de sesmarias não favoreciam a capitalização da terra. Nas análises de Gorender (2016) e Bagu (1949), as características do feudalismo europeu não se reproduziram no Brasil, pois não se encontrava aqui a estrutura de trabalho camponês presente na Europa, e, ainda, as relações de propriedades vigentes em nosso país, em seu período colonial e imperial, assentavam numa função econômica em que a propriedade da terra não era o principal fator de capitalização, o maior investimento era na propriedade do escravizado. Nos séculos de escravismo colonial era decisivo ter escravizados, pois eram as mercadorias comerciáveis e lucrativas. Esse quadro sofre transformação no período de transição do trabalho escravizado ao trabalho livre, principalmente a partir do momento em que se avizinham os primeiros sintomas de crise com o término do tráfico internacional de africanos. Disso resulta o impedimento dos livres ao acesso a terra.

Como bem analisou Martins:

> Combinavam-se de novo, sob outras condições históricas e, portanto, de outra forma, aparentemente invertidos, os elementos de sustentação da economia de tipo colonial. A renda, até então capitalizada no escravo, tornava-se renda territorial capitalizada. *Se no regime sesmarial, o da terra livre, o trabalho tivera que ser cativo; num regime de trabalho livre a terra tinha que ser cativa*. No Brasil, a renda territorial capitalizada não é essencialmente uma transfigurada herança feudal. Ela é engendrada no bojo da

> crise do trabalho escravo, como meio para garantir a sujeição do trabalho ao capital, como substituto da expropriação territorial do camponês, que, no advento do capitalismo, criou a massa de deserdados apta a entrar no mercado de trabalho da nova sociedade. Aqui, a propriedade teve a função de forçar a criação da oferta de trabalho livre e barato para a grande lavoura. Foi aqui o meio substituto da acumulação primitiva na produção da força de trabalho, com a mesma função: a expansão do capitalismo só seria possível com o surgimento de uma massa de trabalhadores livres porque livres dos meios de produção para trabalhar por conta própria, sujeitos, portanto, à necessidade de trabalhar para o capital para sobreviver (Martins, 2017, p. 47-48, grifos nossos).

A negação da terra foi garantida pela Lei de Terras, Lei n. 601, de 1850. Clóvis Moura (2014) explica que com essa lei o Estado (o Rei) abria mão de doar as terras e colocava-as no mercado para a venda a quem dispusesse de dinheiro para adquiri-las. A quem serviu a lei? A população negra "liberta" teria condição de comprar a terra? Os nacionais pobres tiveram acesso a terra? Evidentemente que não! Os escravizados foram libertos para compor a população disponível de força de trabalho e, o essencial, sem acesso a terra.

O acesso a terra é fundamental, porque terra (propriedade fundiária) nas relações sociais do capitalismo representa poder econômico, poder real, e os conflitos pelo poder, pela terra, podem ser observados (sentidos) na invasão das terras dos povos originários. O que temos na formação social do Brasil, quando analisamos terra e trabalho, é a dura constatação da *dupla exploração contínua:* extermínio da população originária e escravização (indígena e africana).

O trabalho em suas origens na Afro-Latino América se desenvolve no modo de produção escravista que, segundo Moura (2014), "tem como componente estrutural mais importante a contradição entre senhores e escravos". O autor alega que é essa dicotomia contraditória, inerente ao escravismo, que impulsiona a dinâmica social. Esta dicotomia é elemento de produção de uma divisão do trabalho na sociedade colonial, o domínio de uma classe sobre outra, e para justificar esse domínio faz-se uso do racismo contra os negros (Bagu, 1949), que se consolida no capitalismo. Os domínios atuaram no plano ideológico e político, conforme nos apresenta Moura (2020, p. 148), afirmando que as elites intelectuais elaboraram e desenvolveram a ideologia do racismo como arma que justificou a etapa da escravidão, sua fase final, que qualificou o trabalhador nacional não branco, em particular o negro, como incapaz de enfrentar os desafios da nova organização do trabalho. Acrescentamos que com essa transformação e a desqualificação do(a) negro(a) soma-se a falta de acesso a terra para garantir sobrevivência. São questões como essas que devemos nos deter ao aprofundarmos indagações sobre as relações conflituosas que determinaram socialmente o colonialismo/escravismo e como se forjou a divisão de classes na transição para o capitalismo.

As explosivas desigualdades sociais e étnico-raciais presentes no mundo moderno e, acirradas, na sociedade contemporânea, são resultado de um longo processo histórico de formação da *modernidade* socioeconômica, tendo um dos seus principais fatores a unificação forçada, pelo colonialismo e escravismo, dos povos proporcionados pela expansão mercantil europeia e suas consequentes transformações econômicas, políticas e culturais produzidas ao longo dos séculos XVI e XIX. As grandes navegações, a política ultramarina, o colonialismo, o escravismo, a expansão do capital comercial e a formação dos Estados nacionais atingiram um patamar que exigiu novas mudanças na visão de mundo da sociedade, como também nas maneiras de ocupação e disputa dos territórios. Ressalta-se que é nessa disputa que se consolida o "sistema colonial escravista".

Abrimos um parêntese para instigar o exercício do pensamento sobre as lutas de classes no período escravista. Os trabalhadores escravizados formavam um grande conjunto que era oposto ao reduzido número dos senhores, seus donos, e a relação sempre foi conflituosa, mas não silenciosa por parte dos escravizados. A construção de quilombos, movimentos sociais de resistência, era a expressão (ação) do enfrentamento entre representantes de um poderio mercantil colonial e os escravizados que trabalhavam nas plantações e mineração. De acordo com Moura (2020, p. 14), o escravizado "era o esqueleto que sustentava os músculos e a carne da sociedade escravista, porque era produtor da riqueza geral, através de seu trabalho". As relações dicotômicas entre senhores e escravizados produziam movimentos de reação e estas, do ponto de vista dos escravizados, iam desde suicídio, fugas individuais ou coletivas até a formação de quilombos, guerrilhas e insurreições. As lutas, na primeira fase do escravismo colonial, foram desenvolvidas apenas pelos escravizados só mais tardiamente, a partir de 1850, com o fim do tráfico internacional e a crise econômica, política e moral do escravismo; no momento em que se soma o apoio de personalidades e entidades na defesa do fim do trabalho escravizado é que se consolida o movimento abolicionista brasileiro.

Essa processualidade que produziu o escravismo e o colonialismo foi analisada por Marx (2017) por meio da categoria teórica da *acumulação primitiva de capital*. Em sua interpretação, ele denunciou os processos brutais e violentos do período de formação do capitalismo. Processos que ainda hoje fazem parte e marcam nas suas devidas proporções as formações socioeconômicas dos povos latino-americanos e africanos, em especial nos países que foram colônias e atualmente estão na condição de países de economia dependente e periférica.

A acumulação primitiva de capital é o momento histórico-social em que coexistem a implantação do trabalho livre na Europa e o trabalho escravizado no Novo Mundo, processos que foram contemporâneos e aconteceram com a força do capital comercial, pois, conforme já afirmamos, a expansão do capital comercial teve como consequência a colonização do Novo Mundo e a formação do "sistema colonial escravista". De acordo com Ianni (1978), a *acumulação primitiva* nas metrópoles europeias gestava as condições histórico-estruturais básicas para o futuro surgimento do capitalismo industrial. O trabalhador, na aurora burguesa, foi separado dos meios de vida e produção, foi ideologizado com valores culturais como "cidadania, liberdade", sendo que foi justamente o contrário o que aconteceu, pois os trabalhadores dependem da venda de sua força de trabalho para sobreviver, foram expropriados dos meios de vida (meios de trabalho e terra), e nas nações escravistas, como o Brasil, ainda nos anos de 1880, a escravização e suas instituições estavam presentes e amoldavam uma formação socioeconômica *sui generis*. Já o capital, com a espoliação de ouro e prata das colônias, por meio do extermínio e da escravização dos povos baseado na monocultura, na produção de produtos tropicais e no extrativismo que alimentavam os interesses metropolitanos, ancorava-se na pilhagem, na construção do sistema de dívidas públicas, no regime tributário e protecionismo. Ianni (1978) afirma que as formações sociais do Novo Mundo se deram no interior do mercantilismo e, conforme cresce o capital comercial via *acumulação primitiva*, criam-se as bases para o nascimento do capital industrial. As sociedades das colônias foram formadas em estado de dependência, pois, no primeiro momento, são formadas pelo capital comercial (mercantilismo) e, no segundo momento, são determinadas pelas condições do capital industrial. Ao consolidar o capitalismo europeu no século XIX, fica evidente a contradição estrutural com as relações escravistas de alguns países. As independências políticas das colônias produziram desacordos econômicos entre o trabalho livre, de interesse do capitalismo e das metrópoles (em especial da Inglaterra), e o trabalho escravizado que persistia em alguns países da América. Os ideais de *liberdade, igualdade* e *fraternidade* convertidos em *direitos* e *cidadania* colidiam com a condição dos escravizados. Razões pelas quais as transformações da transição do trabalho escravizado para o trabalho livre na sociedade brasileira também foram influenciadas pelas exigências do capitalismo mundial e a organização dos países na divisão internacional do trabalho.

Entretanto, ao investigarmos a formação socioeconômica da *modernidade* no Brasil e na Afro-Latino América, notamos como as tendências gerais do modo de produção capitalista estão presentes, mas também é oportuno destacar como essas relações sociais são produzidas em *situações históricas particulares*. Porém, quando analisamos esse processo histórico tendo como marco territorial a América Latina, saltam no horizonte novas inquietações, e é possível notar que o movimento propulsor das revoluções técnico-científicas na Europa, simultaneamente, promoveu a expropriação das riquezas naturais na

América Latina (Lara; Maranhão, 2019; Williams, 2012; Novais, 2019; Marx, 2017).

Os séculos de expropriação das riquezas naturais e extermínios dos povos das Américas Caribenhas, Central e do Sul marcaram o futuro das nações e suas formas de reprodução social e cultural. O escravismo colonialista no Brasil, por exemplo, deixou cicatrizes profundas na formação da sociedade brasileira que singulariza nosso universo econômico e cultural. Como bem lembrou Eric Willians (2012), *a escravização colonialista gerou o racismo que persiste em nossas sociedades contemporâneas*. A Afro-Latino América teve um papel decisivo e bem definido ao constituir-se como uma economia colonial, escravista, monocultora e extrativista em grande escala, que complementava as necessidades da modernidade socioeconômica em plena ascensão nas metrópoles da Europa.

Na Indígena Afro-Latino América, primeiramente, a força de trabalho escravizada foi inserida em situações de exploração na economia colonialista predatória de matérias-primas e produtos tropicais. Na sequência das emancipações políticas, durante o século XIX, a política externa dos países centrais, que se tornam imperialistas, sufocou de dívidas as jovens nações latino-americanas. A "revolução burguesa" e a democracia vivida na América Latina no século XX foram frágeis e atacadas por contrarrevoluções permanentes e, por conseguinte, as desigualdades oriundas dos séculos de expropriações econômicas e culturais permanecem e se aprofundam. O Brasil tem uma história própria: 523 anos de exploração, saque e violência! A *violência*, nessas terras, foi e continua como potência econômica e categoria teórica que nos explica! (Lara, 2023).

Diante desse vasto país e desarmônica história, a tarefa científica do Serviço Social, hoje, é produzir conhecimentos científicos que reconheçam a história do trabalho do povo brasileiro e latino-americano. Os países da Afro-Latino América, considerando sua diversidade regional, cultural e econômica, apresentam índices de desenvolvimento socioeconômico que sempre colocam em alerta os gestores e as suas políticas públicas. Nesse caso, as cartilhas e orientações de organismos internacionais entram em cena, e determinam as regras de contrarreformas e ajustes fiscais, mas em sua maioria são orientações que violam a história dos verdadeiros interessados. O primeiro passo para o enfrentamento de "visões colonizadoras" é entender o passado colonizador e escravista que recaiu sobre a Afro-Latino América a partir do século XVI, para isso se torna impenitente a crítica à assimilação da cultura ocidental europeia de maneira unilateral. A universidade brasileira e afro-latino-americana, bem como seus pesquisadores, deve exportar conhecimentos que incorporem dialeticamente os elementos históricos pensados pelo sul global e, por conseguinte, possibilitar e propor uma visão global de ciência social que leve em consideração as particularidades regionais, desenvolver uma análise crítica que procure emergir da forma que nos relacionamos com nossa realidade. Galeano (2008, p. 103-104), ao escrever sobre o sul global, indica que "os mapas árabes desenhavam o sul em cima e norte em baixo, mas no século XIII a Europa já havia restabelecido a ordem natural do universo". A ordem da mudança era desígnio divino. O autor ainda descreve o mundo como um corpo. "Ao norte estava o rosto limpo que olhava o céu e ao sul estavam as partes baixas, sujas, onde iam parar as imundícies e os seres escuros, chamados antípodas... que eram a imagem invertida dos luminosos habitantes do norte." Contudo, podemos refletir e compreender com o Mapa Invertido da América do Sul, de "cabeça para baixo", como o artista uruguaio Joaquin Torres García propôs, em 1943, no seu desenho artístico e, geograficamente, entender que poderíamos ser o norte. Essas questões têm importância na reconstrução de nossos pensamentos e pesquisas sobre a realidade social. Não se trata de uma simples delimitação geográfica, mas uma designação que nos coloca com potencial de sermos os autores e atores da interpretação da nossa história e, assim, lutarmos pelos nossos destinos.

Assim, em médio e longo prazos, o diagnóstico dos problemas econômicos, sociais e culturais que recaem sobre a Afro-Latino América, construídos por nosso povo, poderá ser dialogado com a comunidade científica mundial nas mais diversas áreas do conhecimento e, portanto, as trocas de saberes plurais serão possíveis, mas para isso a história produzida entre os séculos XVI e XXI precisa de constantes revisões, estudos e divulgações, sempre priorizando a troca de saberes e interpretações de mão dupla.

Questionar um "objeto de pesquisa", compreendê-lo mediado pela história e observá-lo geograficamente são padrões científicos consolidados nos estudos das ciências sociais e históricas, mas a pesquisa para aqueles que se encontram em países de capitalismo dependente e periférico, oriundos de formações colonial-escravistas, não pode se resumir a um floreio cultural e, muito menos, a um conhecimento desinteressado pela origem e pelos destinos dos nossos problemas, conforme alertaram Eric Williams[4] e Florestan Fernandes[5]. Aqui, nessa região do globo, as epistemologias urgem reivindicar o conhecimento da realidade histórica, ou como dizia Lukács (2013): *a questão não é epistemológica, mas ontológica.*

Considerações finais

Atualmente, diante das crises das relações sociais da produção e reprodução do capital, as medidas de austeridades são os caminhos

---

4. "Os historiadores não fazem nem guiam a história. Sua participação geralmente é tão pequena que chega a ser quase nula. Mas, se não aprendessem nada com a história, suas atividades não passariam de um floreio cultural ou um passatempo agradável, e seriam igualmente inócuas nesses tempos conturbados" (Williams, 2012, p. 287).

5. "Poderíamos dizer que a Sociologia, como a História, sai de nossas entranhas e de nossas atividades. Os que não entendem a América Latina sofrem, aqui, mais um choque. Ciência e ideologia não se separam, embora quando necessário caminham independente uma da outra. Por vezes, homens humildes e incultos, que 'sofrem a história', completam os contornos de uma aprendizagem abstrata e põem-nos diante das melhores aproximações sociológicas da verdade. Outras razões, são os que têm as rédeas do poder e que pensam fazer a história que nos fornecem as pistas para dolorosas reduções ao absurdo, também cheias de ensinamentos. Por fim, partamos do concreto ao abstrato ou façamos o caminho inverso, estamos sempre no centro dos dramas coletivos e procuramos entender os rumos sociológicos da história" (Fernandes, 2019, p. 19).

dos países europeus. Enquanto nas economias latino-americanas aprofundam-se a dependência e a superexploração da força de trabalho, no Brasil, a dependência em relação aos capitais externos e a saga rentista mantêm os padrões salariais aviltados, a pobreza crescente e as contrarreformas nas políticas sociais são constantes. A ofensiva empresarial e estatal de retirada de direitos sociais, somada de golpes e contrarrevoluções permanentes, acelerou as perdas das classes subalternas nos últimos anos.

Na Afro-Latino América, intelectuais, como Florestan Fernandes, Ruy Mauro Marini, Eric Williams, Fernando Novais, Clóvis Moura, Darcy Ribeiro, José Carlos Mariátegui, Milton Santos, Vânia Bambirra, Theotônio dos Santos, José Martí, Lélia Gonzalez, Ernesto Che Guevara e tantos outros, ainda precisam ser descobertos pela universidade brasileira, principalmente nas análises que desenvolveram sobre a origem e a inserção dos países na divisão internacional do trabalho, de forma desigual e combinada. Esses intelectuais mostraram como os países latino-americanos, ao se tornarem independentes em relação às metrópoles coloniais, não romperam com a dominação econômica externa. Na concepção leninista, nossos países são de forma nominal independentes politicamente, mas na realidade "estão presos nas redes de uma dependência financeira e diplomática" (Lênin, 1985, p. 84). Nesse sentido, a categoria de dependência implica a condição na qual a economia desses países está condicionada pelo desenvolvimento de interesses exógenos, no caso, dos países centrais imperialistas. Os países latino-americanos estão conectados estreitamente às estratégias de expansão dos países centrais, mas com manifestações internas nos "arranjos" sociais, políticos e ideológicos que reproduzem a condição de subdesenvolvimento (Carcanholo, 2011).

A soberania política é indissociável da soberania econômica. Sem a soberania econômica de um país, a soberania política não passa de uma palavra sem conexão com a realidade (Guevara, 2011). Razão pela qual a soberania política alcançada por Cuba com a Revolução de 1959 só se completaria na medida em que o poder revolucionário conseguisse implantar as mudanças que levassem à soberania econômica, expropriando os monopólios estrangeiros que dominavam a economia nacional. A soberania política diz respeito ao povo que escolhe o modo de vida que melhor lhe convenha, porém, se os países não usufruem de soberania econômica, a soberania política nunca existirá.

O que justifica a acumulação de capital no capitalismo dependente é a busca de superlucros que se obtêm pela extração de mais-valia, que paga salários de fome a trabalhadores e trabalhadoras. A superexploração da força de trabalho constitui o princípio gerador da economia subdesenvolvida, principalmente no que concerne a condições de baixos salários, falta de empregos, subnutrição, desgaste prematuro da saúde do trabalhador e da trabalhadora (Marini, 2012).

Darcy Ribeiro, ao investigar a formação sociocultural do povo latino-americano e sua inserção socioeconômica na divisão internacional do trabalho, compreendeu nossos trabalhadores e trabalhadoras na condição de *proletariado externo* dos centros do capitalismo mundial. Para o mineiro de Montes Claros, a formação da modernidade capitalista está situada em duas condições. Uma primeira constituída pelos povos que se integraram de modo autônomo através de uma *aceleração evolutiva*, como foi o caso de Inglaterra, Estados Unidos e França. Uma segunda, que foi o caso dos povos latino-americanos, em que ocorreu a *incorporação ou atualização histórica* que "os conformam como povos dependentes que não existem para si, mas para atender às condições de vida e de prosperidade de outros" (Ribeiro, 1978, p. 19).

Os países incorporados pela via da *atualização histórica*, em alguns casos, até utilizam tecnologias avançadas na produção, mas no limite necessário para manter a condição de dependência. Surgem, assim, sociedades desfiguradas estruturalmente, incapazes de superá-las pelo simples funcionamento do seu sistema, pois sua prosperidade está voltada para o enriquecimento de núcleos externos. Há um pequeno núcleo local das classes dominantes articuladas ao sistema econômico externo, ostentando riqueza em meio à pobreza generalizada (Ribeiro, 1978).

Por fim, na inspiração proporcionada por Milton Santos (2000, p. 9), ao se referir à globalização e analisá-la, ele afirma: "tudo é ideológico. Estamos em um mar de ideologia. Tudo é produzido a partir de uma ideologia, mas as coisas não parecem como tal". E completa a reflexão, oferecendo a energia para avançarmos na ruptura de todas as formas de exploração, dominação e opressão, ao dizer que: "é preciso desmontar essa ideologia. Primeiro, desfazê-la na ideia, por meio de análise. Porque a análise é o processo de inverter, colocar tudo ao contrário. E depois desfazê-la politicamente. Esse é o problema: opor à crença de que se é pequeno, diante da enormidade do processo globalitário, a certeza de que podemos produzir as ideias que permitem mudar o mundo".

Referências

BAGU, S. *Economía de la sociedad colonial:* ensayo de historia comparada de America Latina. Buenos Aires: El Ateneo, 1949.

CARCANHOLO, M. Integração regional dentro de uma alternativa de desenvolvimento. *In:* MATTEI, L. (org.). *América Latina no limiar do século XXI*. Florianópolis: Insular, 2011.

CHIZIANE, P. *O alegre canto da perdiz*. Porto Alegre: Dublinense, 2018.

FERNANDES, F. *Capitalismo dependente e classes sociais na América Latina*. São Paulo: Global, 2019.

GALEANO, E. *Espelhos*. Porto Alegre: L&PM, 2008.

GONZALEZ, L. *Por um feminismo afro-latino-americano:* ensaios, intervenções e diálogos. Rio Janeiro: Zahar, 2020.

GORENDER, J. *O escravismo colonial*. São Paulo: Expressão Popular, 2016.

GUEVARA, E. Soberanía política e independencia económica. *In*: *CHE Guevara presente*: antología mínima. La Habana: Editorial de Ciencias Sociales, 2011.

IANNI, O. *Escravidão e racismo*. São Paulo: Hucitec, 1978.

KOWARICK, L. *Trabalho e vadiagem*: a origem do trabalho livre no Brasil. São Paulo: Editora 34, 2019.

LARA, R. Prefácio — Comprometimento teórico, ético e político. *In*: LOLE, A.; STAMPA, I. *Trabalho, capitalismo e superexploração no Brasil contemporâneo*. Rio de Janeiro: Mórula Editorial, 2023.

LARA, R.; MARANHAO, C. Fundamentos do trabalho, questão social e Serviço Social. *In:* SOUZA, E. A.; SILVA, M. L. O. (org.). *Trabalho, questão social e Serviço Social:* a autofagia do capital. São Paulo: Cortez Editora, 2019.

LARA, R.; SILVA, M. A. A destruição dos direitos sociais e a reestruturação produtiva: análise da persistência da superexploração do trabalho no Brasil. *In:* SEMINÁRIO DO TRABALHO, 14., 2014. Marília. *Anais* [...]. Marília, RET, 2014.

LÊNIN, V. I. *Imperialismo*: fase superior do capitalismo. São Paulo: Global, 1985.

LOLE, A.; STAMPA, I. *Trabalho, capitalismo e superexploração no Brasil contemporâneo.* Prefácio: R. Lara. Rio de Janeiro: Mórula Editorial, 2023.

LUKÁCS, G. *Para uma ontologia do ser social*. São Paulo: Boitempo, 2013.

LUKÁCS, G. Marx e o problema da decadência ideológica. *Anuário Lukács*, São Paulo: Instituto Lukács, 2015.

MARINI, R. M. *Subdesenvolvimento e revolução*. Florianópolis: Insular, 2012.

MARTÍ, J. *Nossa América*. São Paulo: Hucitec, 1983.

MARTINS, J. S. *O cativeiro da terra*. São Paulo: Contexto, 2017.

MARX, K. *O capital — crítica da economia política*: o processo global da produção capitalista. São Paulo: Boitempo, 2017.

MOURA, C. *Dialética radical do Brasil negro*. São Paulo: Fundação Maurício Grabois/Anita Garibaldi, 2014.

MOURA, C. *Rebeliões da senzala-quilombos, rebeliões, guerrilhas*. São Paulo: Anita Garibaldi, 2020.

NOVAIS, F. *Portugal e Brasil na crise do antigo sistema colonial (1777-1808)*. São Paulo: Editora 34, 2019.

RIBEIRO, D. *O dilema da América Latina*. Petrópolis: Vozes, 1978.

RUBIN, I. I. *História do pensamento econômico*. Rio de Janeiro: UFRJ, 2014.

SANTOS, M. *Território e saúde:* entrevista com Milton Santos. [Entrevista cedida a] O. Seabra, M. de Carvalho e J. C. Leite. São Paulo: Editora Fundação Perseu Abramo, 2000.

WILLIAMS, E. *Capitalismo e escravidão*. São Paulo: Companhia das Letras, 2012.

CAPÍTULO 2

Terra e Trabalho:

resistências políticas na Região Metropolitana da Baixada Santista

Tânia Maria Ramos de Godoi Diniz

Terezinha de Fátima Rodrigues

Gabriela Peixoto Ortega

Introdução

O censo brasileiro realizado em 2022 pelo Instituto Brasileiro de Geografia e Estatística (IBGE), depois de muitos conflitos e embates com o governo federal à ocasião, para assegurar sua aplicação, está sendo gradativamente divulgado. Os primeiros dados apresentam um país com 203 062 512 habitantes, dos quais 61,1% correspondem a uma parcela expressiva de população residindo em concentrações urbanas, mais especificamente em 319 municípios dos 5 570 que existem no Brasil, expressando características de um país que se tornou rapidamente urbano, a partir da segunda metade do século XX. São mudanças significativas que emergem nas cidades brasileiras, demandando respostas às necessidades de trabalho, moradia, transporte, abastecimento, saúde etc., e esses números nos remetem às exigências de estudar esse movimento na história para ressignificar o presente e construir o futuro.

Esse crescimento urbano consolidou, no Brasil, a existência de moradias construídas de forma precária, improvisadas, em locais inadequados e/ou de risco e em bairros aonde as políticas públicas ainda não chegaram ou são insuficientes para solucionar, de maneira efetiva, os problemas existentes. Mas também vai mostrar outra permanência: a distância entre ricos e pobres, mesmo considerando as dificuldades de os índices oficiais capturarem a magnitude da riqueza dos mais ricos.

Segundo o Relatório do Observatório Brasileiro das Desigualdades (2023), os 0,01% mais ricos possuem uma riqueza acumulada e líquida de dívidas de R$ 151 milhões, em média. Os 10% mais ricos obtinham, em 2022, um rendimento médio mensal *per capita* 14,4 vezes maior do que os 40% mais pobres. E cerca de 7,6 milhões de brasileiros(as) vivem com uma renda domiciliar *per capita* mensal menor do que R$ 150,00.

Em 1940, a população urbana era de 26,3% do total (Maricato, 2001), e a velocidade do processo de urbanização tem a marca da expulsão e despossessão de segmentos mais pobres da sociedade sob conflitos fundiários frequentes. Os indicadores de concentração de terras superam a concentração de renda, e o poder de polícia sobre a ocupação de territórios tem origem na Lei n. 601, de 1850, denominada Lei de Terras, que transformadas em reserva de valor, possibilitaram a formação dos latifúndios e grandes propriedades (Alcântara Filho; Fontes, 2009).

> A especulação sobre a terra, assim como a aquisição em larga escala de terras em zonas rurais, mina os direitos de posse e as formas de subsistência locais. Combinadas com a seca e outras alterações relacionadas ao clima, essas atividades são grandes impulsionadoras de migração rumo às cidades, onde, em geral, terra e moradia adequadas não estão disponíveis para os recém-chegados, especialmente os pobres (Rolnik, 2015, p. 166).

Em outras palavras, a história vai nos mostrar que o acesso a terra foi vedado à grande massa de trabalhadores(as); que a construção da nação não foi homogênea; que o racismo estrutural alimenta as relações sociais desde o período colonial; e que a "[...] base causalmente determinante da violência é a ordem sociometabólica do próprio sistema do capital" (Mészáros, 2015, p. 59). Uma violência que se traduz na segregação do(a) trabalhador(a) nas periferias, sobrevivendo com baixos salários ou desempregados, informalizados, em situação de precariedade na moradia. A forma de ocupação do espaço urbano por meio de soluções habitacionais de baixo custo, em bairros e loteamentos distantes das regiões centrais, promoveu aprisionamento territorial e proporcionou reduzir também o custo do salário do(a) trabalhador(a) urbano (Bonduki, 2011).

Essas antigas formas de expropriação da terra urbana e rural e de superexploração do trabalho são renovadas continuamente, do ponto de vista da reprodução ampliada do capital do século XXI, particularmente em sociedades e Estados capitalistas, periféricos e dependentes como o brasileiro (Marini, 2000; Cardoso, 2016). E, segundo Mészáros (2015), estamos falando de um Estado que, na sua composição na base material do capital e capturado por interesses privados, não pode fazer outra coisa senão proteger a ordem estabelecida: alimenta sistemas de opressão; desenvolve processos de combate à pobreza pelo consumo; e normatiza o acesso a terra e à moradia orientado pelas finanças globais.

O sistema do capital na forma particular que o capitalismo dependente brasileiro adota interliga três dimensões para a sobrevivência do(a) trabalhador(a): terra, teto e trabalho. Essa interligação não adquire concretude se não se reconhecer que a chave analítica está no plano das relações sociais de produção que são também as condições de reprodução social.

Portanto, duas questões orientam as reflexões: como essas configurações do capital, do Estado e da sociedade brasileiros afetam, de forma diferenciada, a classe trabalhadora heterogênea, racializada e generificada? E como incidem no trabalho de assistentes sociais, considerando a profissão na divisão sociotécnica, sexual e étnico-racial do trabalho? (Raichelis; Arregui, 2021).

Ofensiva neoliberal e desafios para a classe trabalhadora

A ofensiva contra a classe trabalhadora expõe a luta de classes que marca o capitalismo e, neste período histórico, essa ofensiva se consolida nos processos de extração de mais-valor, com consequências nas dinâmicas vinculadas à reestruturação produtiva, com novos padrões organizacionais, tecnológicos, bem como novas formas de organização social do trabalho.

Com o conjunto de transformações propiciadas pelos processos de reestruturação produtiva alavancada pelo paradigma da flexibilidade, ocorrido pós-anos 1970, tem-se um modelo altamente excludente em relação ao mercado de trabalho, com mudanças nas modalidades de emprego, na estrutura industrial e na organização do trabalho. Somam-se a esse cenário as políticas macroeconômicas, que impuseram às economias mundiais baixas taxas de crescimento econômico, agravando o quadro de desemprego, além da convivência de relações duais e ambíguas em que o espaço econômico ocupado pela informalidade e o setor de serviços sofrerem ampla expansão.

Esses processos atingiram e atingem duramente a "classe que vive do trabalho" (Antunes, 1999), com uma realidade marcada por altas taxas de desemprego, diminuição do trabalho assalariado, fragmentação e desqualificação do trabalho, crescente deslocamento de postos de trabalho para a informalidade, baixos salários, a expansão das chamadas formas "atípicas" da contratação, como o trabalho temporário e em tempo parcial. E, no contexto das tecnologias digitais, ocorre a intensificação de mecanismos de extração de mais-valor e consequente extração de sobretrabalho. Antunes (2018, p. 32) reforça em sua tese uma nova morfologia da classe trabalhadora, com centralidade de "um novo proletariado de serviços na era digital", marcado pela expansão das plataformas digitais e aplicativos, tendo como consequências a uberização, a precarização, a informalidade e o desemprego.

No Brasil, essa realidade é ainda mais desafiadora. Trata-se de uma sociedade historicamente conservadora, cujas bases estão vinculadas ao trabalho escravizado, em que os interesses particulares do capital se sobrepõem "[...] em detrimento do trabalho, com práticas higienistas, patrimonialistas, racistas e clientelistas, que forjam o Estado para um desenvolvimento que se efetiva atravessado por discriminações sociais, étnicas, de gênero, religiosas e culturais" (Diniz; Soares, 2022).

E, nas cidades, há a "[...] segregação urbana que empurra as famílias para áreas ambientalmente mais frágeis, tais como os morros, os mangues, as beiras dos rios e córregos, evidenciando uma superposição de carências e necessidades sociais, agravadas pela pobreza e pelo desemprego" (Diniz; Soares, 2022).

Essas são expressões da questão social e matéria em que incide o trabalho das(os) assistentes sociais. O Serviço Social tem, nas múltiplas expressões da questão social, a condensação de desigualdades e lutas sociais, sendo a apreensão dessas dinâmicas fundamental no trabalho profissional (Iamamoto, 2021).

Iamamoto (2021) aponta a importância de o trabalho profissional de assistentes sociais estar vinculado à prática de alianças com diferentes segmentos de representação coletiva, fóruns, articulação de trabalhadores(as) e movimentos sociais, no sentido de reconhecimento na cena pública e visibilização das lutas sociais de segmentos da classe trabalhadora que resistem aos contextos presentes. Destaca que "[...] reforçar relações de confiança e alianças na vida e na luta coletiva, iluminada por horizontes de emancipação política e humana", se vincula ao projeto profissional consolidado na profissão (Iamamoto, 2021, p. 38). Nesta direção, reconhecer as resistências e lutas cotidianas da classe trabalhadora torna-se tarefa importante no campo do trabalho profissional.

> Existe em nossas sociedades um terreno minado de resistências e lutas travadas no dia a dia de uma conjuntura adversa para as maiorias, terreno esse não visibilizado pela grande mídia. Podem ser lembradas: as lutas dos(as) "trabalhadores(as) sem-terra" pela reforma agrária; o movimento das nações indígenas pela preservação de seu patrimônio material e cultural; as lutas das mulheres contra a opressão, o feminicídio e a favor da legalização do aborto; a luta antirracista e pela preservação de raízes culturais dos afrodescendentes e contra o preconceito racial; migrantes que atravessam as fronteiras nacionais; dos(as) estudantes na defesa da educação pública; da juventude trabalhadora da periferia das grandes cidades contra o genocídio de jovens, negros(as), pobres

das periferias urbanas, a luta contra a fobia LGBTQIA+. Essa multiplicidade de sujeitos e de formas de luta tem uma trama comum, oculta na diversidade de suas expressões: a dos despossuídos de propriedade para produzir seus meios de vida numa sociedade de desiguais (Iamamoto, 2021, p. 22).

Com isto, apontar algumas das resistências cotidianas construídas por sujeitos sociais na Região Metropolitana da Baixada Santista (RMBS), no campo do direito a terra, à moradia, a um teto, torna-se importante, além da afirmativa de este ser amplo espaço de atuação profissional, seja nas dinâmicas institucionais no campo das políticas sociais, seja nas articulações políticas e inserções nos movimentos e coletivos vinculados às lutas pelo direito à cidade e, principalmente, pelo direito a terra.

Resistências políticas na Região Metropolitana da Baixada Santista (RMBS)

No Brasil, as desigualdades e a segregação étnico-racial se espraiam em um contexto que ocupa lugar estratégico para o capital e para a economia global. O processo de concentração de riqueza e de ampliação das desigualdades e da segregação no espaço urbano é característico das relações estabelecidas entre o capital, o Estado e a sociedade (Mandel, 1982).

Os dados de desigualdades são gritantes, com 5,9 milhões de famílias consideradas "sem casa" ou "sem teto" e, contraditoriamente, cerca de 11 milhões de moradias inabitadas (IBGE, 2023). Essa lógica perversa e completamente irracional, do ponto de vista humanitário, revela a dinâmica da questão da moradia numa sociedade capitalista, que transforma a terra, no campo e na cidade, em mercadoria, portanto, determinando o acesso a esse recurso somente àqueles que possuem algum capital/dinheiro.

Na organização do espaço urbano na RMBS, as funções assumidas pelas diferentes cidades produzem uma valorização diferencial do solo (Carlos, 2015, p. 30). É nesse sentido que as análises apontam para uma hierarquização espacial na região, cujas contradições são materializadas na constituição de zonas de riqueza e de pobreza, a partir do poder aquisitivo dos moradores e do acesso aos direitos sociais. É este o solo concreto de sujeitos políticos, inseridos na classe trabalhadora, majoritariamente o povo pobre, preto e periférico que forja, por meio de suas lutas cotidianas, resistências à mercantilização das relações sociais, aos espaços segregados e à violação dos direitos.

Violações de direitos que, no contexto da pandemia da covid-19[1], fizeram emergir um conjunto de lutas sociais e conquistas importantes no campo do direito a terra e à moradia. Ainda que as orientações de médicos infectologistas estivessem voltadas "ao fique em casa" e a evitar o contato com outras pessoas para a não proliferação do vírus, uma parte da população não teve condições de atender a essa convocação pública, justamente porque não tinha casa para ficar, estava vivendo nas ruas ou sob a iminente ameaça de despejo.

Mesmo com uma grave crise econômica e uma pandemia, vários prefeitos e governos estaduais continuaram colocando suas forças policiais a serviço de mandados judiciais, cuja decisão era o despejo de dezenas ou centenas de famílias, com grande presença de idosos, crianças e pessoas com as mais distintas doenças, ou seja, um contingente grande de população com alto risco de contaminação pelo vírus. A insensibilidade desses gestores públicos trouxe consequências gravíssimas para as famílias despejadas durante a pandemia da covid-19.

---

1. A covid-19 é uma doença causada por um tipo de coronavírus, que leva o nome de SARS-CoV-2, com os primeiros casos detectados na cidade de Wuhan, China, em dezembro de 2019. Em março de 2020, foi caracterizada pela Organização Mundial da Saúde (OMS) como uma pandemia. Em maio de 2023, após a descoberta das vacinas e com mais de sete milhões de mortes relatadas no mundo, a OMS declarou o fim da emergência global de covid. Disponível em: https://g1.globo.com/jornal-nacional/noticia/2023/05/05/oms-declara-o-fim-da-emergencia-global-de-covid.ghtml. Acesso em: 20 out. 2023.

Essa situação produziu um crescente sentimento de indignação em parcelas importantes da sociedade, resultando na criação da Campanha Nacional Despejo Zero, que uniu movimentos populares rurais e urbanos e ativistas de defesa dos direitos humanos. A Campanha teve uma atuação em nível nacional, realizando, com o cuidado necessário exigido pelo momento, e respeitando os protocolos de segurança estabelecidos pela OMS, passeatas, manifestações, debates e reuniões com parlamentares e com autoridades dos Poderes Executivo e Judiciário, em especial o Supremo Tribunal Federal (STF).

No caso da RMBS, o Núcleo Regional da Campanha Nacional Despejo Zero foi consequência de uma articulação em rede de diferentes experiências de luta popular por moradia nas cidades de Santos e São Vicente. Em Santos, destacamos dois importantes processos organizativos da classe trabalhadora: 1) mobilização dos moradores do Bairro São Manoel, que estava sob ameaça iminente de despejo administrativo (quando o poder público municipal tenta realizar a ação sem ordem judicial), e o contato da comunidade com os representantes da Campanha assegurou a premência de todos os moradores em suas casas; um dos pontos que consideramos mais importantes dessa mobilização foi a consolidação de uma associação de moradores; 2) Ocupação Anchieta[2], um caso emblemático na cidade, pois demonstrou que a organização de trabalhadores e trabalhadoras pode obter vitórias contundentes contra o capital imobiliário. Até 1988, o local era um hospital psiquiátrico com denúncias de tortura e maus-tratos, conhecido como "Casa dos Horrores". Graças à intervenção da Prefeitura Municipal de Santos, na gestão da prefeita Telma de Souza (1989-2002), o local foi desativado. O prédio ficou abandonado e foi, gradativamente, ocupado por famílias de sem-teto. Um grupo de empresários adquiriu o imóvel e, desde então, vem tentando despejar as famílias. Durante a pandemia, as famílias sofreram mais uma ofensiva do grupo empresarial e receberam o

2. Disponível em: https://youtu.be/UcVEO2NfE?si=ucTpwl9RMiF-oq-N. Acesso em: 9 out. 2024.

apoio de advogadas populares ligadas à Campanha Despejo Zero. Esta articulação resultou em uma importante vitória jurídica, com reconhecimento, por parte do poder judiciário, de que houve fraude na aquisição do imóvel, sendo anulada sua venda. Esta decisão tem garantido, até o momento, para as famílias, a segurança na posse, impedindo novas tentativas de despejo.

Em São Vicente, a Campanha atuou em dois territórios: 1) Jardim Rio Branco, em apoio às famílias que foram despejadas, organizando assembleias com a comunidade, atuando como mediadora entre a comunidade e o poder público, elaborando documentos que foram enviados para a Prefeitura, Secretaria Habitacional e Assistência Social, Ministério Público Estadual, Conselhos de Direitos Humanos Estadual e Nacional e Comissão de Direitos Humanos da Câmara de Vereadores; 2) Ocupação Nossa Senhora de Lourdes, no Morro do Itararé. Nessa comunidade, a Campanha teve um papel relevante, pois ela foi beneficiada pela decisão do Ministro do Supremo Tribunal Federal, Luís Roberto Barroso, no âmbito da Ação de Descumprimento de Preceito Fundamental (ADPF), que suspendeu os despejos em todo o Brasil até março de 2022, sendo renovada a suspensão até outubro de 2022, quando foi instituído protocolo de mediação para despejos coletivos. Atualmente, a comunidade se encontra em processo de negociação com o proprietário da área.

Segundo Moura (1994), a história do povo se confunde com a história do trabalho e, no Brasil, essa é a história da escravidão, da luta de negros(as) escravizados(as) contra esse estatuto. É também a história de indígenas, quilombolas oprimidos pela colonização, pela escravidão e pelo capitalismo. O autor afirma que não há uma história escrita pelos que foram agentes históricos, que conte como o povo brasileiro criou a história trabalhando, como ele lutou para melhorar o trabalho, para se libertar dos tipos mais abusivos de trabalho.

Essa é uma convocação que nos brinda Iamamoto (2022) quando considera que o trabalho de assistentes sociais pode compor nestas resistências cotidianas, apreendendo a questão social não apenas como a condensação de desigualdades, mas também e fundamentalmente das resistências que se constroem por sujeitos políticos, inseridos na classe trabalhadora, que forjam por meio de suas lutas resistências à mercantilização das relações sociais, dos espaços segregados e gentrificados e da violação dos direitos.

Considerações finais

Consideramos que existe um potencial anticapitalista em todas as lutas sociais que, de alguma forma, se confrontam diretamente com a propriedade privada da terra, seja no meio urbano, seja no meio rural.

As ocupações e lutas comunitárias na Baixada Santista, durante os anos 2020 e 2023, demonstraram ser um relevante espaço de organização e participação popular, resultando em importantes organizações da classe trabalhadora que luta por moradia digna, por melhores condições de vida e de trabalho. Apesar de percebermos a fragilidade organizativa ainda presente nas diferentes formas de luta, identificamos um potencial de mobilização que se iniciou com reivindicações econômicas, específicas, corporativas, tendo como centro particularidades de um bairro ou de um território, mas que, se houver um processo continuado de luta e de formação de uma nova geração de lideranças, com maior consciência política e com uma razoável capacidade de compreender criticamente a realidade econômica e política nacional, poderemos avançar para transformar essas mobilizações em lutas anticapitalistas.

Para o Serviço Social, vincular-se organicamente a essas lutas coletivas amplia o escopo do trabalho profissional e fortalece a implementação de serviços com qualidade e, ao se envolver em processos participativos mais amplos, dá materialidade a uma atuação que preza pela articulação com os movimentos de luta por direitos, como preconiza o Código de Ética Profissional (1993).

Referências

ALCANTARA FILHO, J. L.; FONTES, R. M. O. A formação da propriedade e a concentração de terras no Brasil. *Revista de História Econômica & Economia Regional Aplicada*, v. 4, n. 7, jul./dez. 2009.

ANTUNES, R. *O privilégio da servidão*: o novo proletariado de serviços na era digital. São Paulo: Boitempo, 2018.

ANTUNES, R. *Os sentidos do trabalho*: ensaio sobre a afirmação e a negação do trabalho. São Paulo: Boitempo, 1999.

BONDUKI, N. *Origens da habitação social no Brasil*: arquitetura moderna, lei do inquilinato e difusão da casa própria. 5. ed. São Paulo: Estação Liberdade, 2011.

CARDOSO, I. *Mesa GTP*: questão agrária urbana, ambiental e Serviço Social. [*S. l.*]: ENPESS, 2016.

CARLOS, A. F. A. A reprodução do espaço urbano como momento da acumulação capitalista. *In:* CARLOS, A. F. A. (org.). *Crise urbana*. São Paulo: Contexto, 2015.

CHESNAIS, F. *A mundialização do capital*. Tradução: Silvana Finzi Foá. São Paulo: Xamã, 1996.

DINIZ, T.; SOARES, M. *CFESS Manifesta*: conferência popular pelo direito à cidade. Brasília: CFESS, 2022.

HARVEY, D. *Espaços de esperança*. Tradução: Adail U. Sobral e Maria Stela Gonçalves. São Paulo: Edições Loyola, 2004.

IAMAMOTO, M. Os desafios da profissão de Serviço Social no atual contexto de retrocessos das conquistas da classe trabalhadora. Diálogos do Cotidiano — assistente social. Reflexões sobre o cotidiano profissional. *Caderno 1*, Brasília: CFESS, p. 16-48, 2021. Disponível em: https://www.cfess.org.br/arquivos/12021Cfess-DialogosDoCotidianoVol1-Site.pdf. Acesso em: 9 out. 2024.

INSTITUTO BRASILEIRO DE GEOGRAFIA E ESTATÍSTICA (IBGE). *Censo demográfico*: principais resultados. Rio de Janeiro: IBGE, 2023. Disponível em: https://www.ibge.gov.br/estatisticas/sociais/populacao/22827-censo-demografico-2022.html. Acesso em: 19 out. 2022.

MANDEL, E. *O capitalismo tardio*. Tradução: Carlos Eduardo Silveira Matos, Regis de Castro Andrade e Dinah de Abreu Azevedo. São Paulo: Abril Cultural, 1982.

MARICATO, E. As ideias fora do lugar e o lugar fora das ideias: planejamento urbano no Brasil. *In:* ARANTES, O.; VAINER, C.; MARICATO, E. *A cidade do pensamento único*: desmanchando consensos. 6. ed. Petrópolis: Vozes, 2011.

MARICATO, E. *Brasil, cidades*: alternativas para a crise urbana. 2. ed. Petrópolis: Vozes, 2002.

MARINI, R. M. *Dialética da dependência*: uma antologia da obra de Ruy Mauro Marini. Organização e apresentação: Emir Sader. Petrópolis: Vozes; Buenos Aires: Clacso, 2000.

MOURA, C. *Dialética radical do Brasil negro*. São Paulo: Editora Anita, 1994.

MÉSZÁROS, I. *A montanha que devemos conquistar*. Tradução: Maria Isabel Lagoa. Revisão da tradução: Nélio Schneider. São Paulo: Boitempo, 2015.

RAICHELIS, R. D.; ARREGUI, C. C. O trabalho no fio da navalha: nova morfologia no Serviço Social em tempos de devastação e pandemia. *Serviço Social & Sociedade*, São Paulo: Cortez Editora, n. 140, p. 134-152, 2021.

RELATÓRIO DO OBSERVATÓRIO BRASILEIRO DAS DESIGUALDADES. *Pacto Nacional pelo Combate às Desigualdades*. São Paulo: Cebrap, ago. 2023.

ROLNIK, R. *Guerra dos lugares*: a colonização da terra e da moradia na era das finanças. São Paulo: Boitempo, 2015.

SANTOS, N. B. dos; DARIDO, M. Clóvis Moura e a materialidade da raça na luta de classe. *Princípios*, São Paulo, n. 37, p. 51-58, 1995.

CAPÍTULO 3

Direitos Humanos, Políticas Sociais e Educação Popular:
formas de resistência da classe trabalhadora

Raiane Patrícia Severino Assumpção

Daniel Arias Vazquez

André da Rocha Santos

Introdução

Sei que nada será como está
Amanhã ou depois de amanhã
Resistindo na boca da noite um gosto de sol

Milton Nascimento. "Nada será como antes".

Formalmente, a palavra *resistir* significa suportar, conservar-se firme, não sucumbir, não ceder. No dizer popular, fala-se em teimar ou embirrar no sentido de insistir, perseverar em algo, pretender com insistência. É sobre isso que fala este texto, como um processo forjado na própria existência do ser social pertencente à classe trabalhadora.

Para apreender a dinâmica da existência do ser social em sua totalidade e em perspectiva societária, a utilização da categoria trabalho se faz necessária. Segundo Engels (2006, p. 1), a categoria trabalho é "[...] condição básica e fundamental de toda a vida humana". Por meio da utilização da sua capacidade de criar e racionalizar, o ser humano domina a natureza de forma a criar mecanismos que o auxiliarão em sua sobrevivência e em sua satisfação de necessidade. Ao discutirmos a Violência de Estado e os Direitos Humanos, a partir da perspectiva crítica, vislumbramos a construção coletiva da própria existência do ser social (Marx, 1985).

Na perspectiva adotada, Antonio Gramsci se torna um pensador fundamental. No processo de dominação exercido sobre as classes subalternas, o consentimento e a submissão dos dominados constituem parte estrutural dessa ordem imposta de cima para baixo na qual agem inúmeros elementos, dentre os quais todo um sistema de crenças e incentivos que garantem a reprodução cotidiana das relações de dominação.

Nesse processo, resistir se torna um recurso necessário, e é o próprio Gramsci (1987) quem propõe uma base de luta a partir da filosofia da práxis, isto é, uma atitude crítica de superação da antiga maneira de pensar, tendo como elemento primordial o pensamento concreto existente, o universo cultural no qual os sujeitos estão inseridos. A filosofia da práxis busca a superação do senso comum e propõe elevar a condição cultural da sociedade em geral e dos indivíduos em particular. A práxis, entendida como uma unidade dialética entre teoria e prática, não é um fator meramente mecânico, e sim o construto do devir histórico. Esse devir deve ser entendido na lógica do ser humano (ou sua natureza) como a expressão da coletividade e suas ações transformadoras de si e dos outros, cujas relações são de natureza social e histórica[1].

Aproximando essa discussão da realidade social contemporânea, em particular da brasileira, nos defrontamos com o debate acerca das políticas públicas em uma sociedade, refletindo os conflitos de interesses existentes e os arranjos feitos nas esferas de poder, que são efetivados pelo Estado. É importante considerar que o Estado de Direito foi instituído no contexto da consolidação da sociedade burguesa no seu confronto dialético com as ideias socialistas; e, indiscutivelmente, com as formas de organização popular. O poder de pressão da classe trabalhadora e de articulação de diferentes grupos sociais foram fatores fundamentais na conquista de novos e mais amplos direitos, como também o aprimoramento do processo democrático.

1. Essa unidade entre teoria e ação é uma relação dialética que postula o ser histórico como político, ampliando a visão de filosofia e política como dados totalizantes, sendo a "filosofia" e a história em ato a própria condição existencial (Gramsci, 1987). Assim, o autor realça a importância da dimensão cultural nos processos de transformação social. A cultura é compreendida como uma criação social do ser humano; ela é, simultaneamente, um processo e vários produtos construídos na relação entre ser humano e natureza, e com outros humanos. Assim, a cultura é constitutiva da existência humana.

Nesse sentido, dizemos que uma sociedade — e não um simples regime de governo — é democrática, quando, além de eleições, partidos políticos, divisão dos três poderes da República, respeito à vontade da maioria e das minorias, institui algo mais profundo, que é condição do próprio regime político, ou seja, quando *institui direitos* (Chaui, 1984), especialmente aqueles que regulam as relações de trabalho e garantem a proteção social, conquistados pela luta da classe trabalhadora como um movimento de autodefesa da sociedade contra as consequências perversas do liberalismo econômico (Polanyi, 1980).

Este capítulo faz uma abordagem teórica sobre formas de resistência da classe trabalhadora e a possibilidade de construção de perspectivas emancipatórias. Na primeira parte, destacamos a importância de resistir à violência de Estado por meio da defesa dos direitos humanos. Na segunda parte, as políticas sociais são interpretadas como forma de luta dentro de uma sociedade capitalista, diante da desregulação das relações de trabalho e das reformas do Estado sob a égide do neoliberalismo. Na terceira parte, tratamos da educação popular como processo criador da práxis (movimento de ação-reflexão-ação), constitutiva do ser social e forma de resistência coletiva da classe trabalhadora para a construção de uma perspectiva societária emancipatória. A consolidação destas reflexões será feita nas considerações finais.

Resistir à violência de Estado, defender os Direitos Humanos

O debate sobre a violência de Estado no Brasil parte da discussão sobre a violência estrutural, resultado de uma sociedade contraditória e desigual, que não inclui determinados segmentos sociais a partir dos direitos e deveres de cidadania. A violência de Estado é elemento fundante de uma sociedade marcada pela colonização e pela escravidão, pelo legado da ditadura civil-militar e pelos desafios da construção de uma democracia a partir dos mecanismos da justiça social e da igualdade. A violência estrutural revela formas de dominação decorrentes das contradições entre os que querem manter privilégios e os que se rebelam contra a opressão. As garantias democráticas existentes no Brasil, a partir dos avanços da Constituição de 1988, não impediram a continuidade dessa violência estrutural (Assumpção *et al.*, 2018).

A formação social, histórica, política, econômica e cultural do Brasil, ao contrário do que é difundido no imaginário da população e dos discursos coletivos variados, é marcada por expressões cotidianas de desigualdades, discriminações e violências. Tais expressões, a partir do final do século XX, assumem novas configurações por conta da reestruturação produtiva e da ressignificação do papel do Estado. O novo cenário desafia a legitimidade e a efetivação dos direitos ao operar, ideológica e concretamente, com a fragilização dos serviços públicos e a desregulamentação das relações de trabalho, enquanto oferece como alternativa o pacto social pela via do mercado, marcado pelas negociações diretas entre patrões e empregados, pela flexibilização da legislação trabalhista e por políticas sociais focalizadas (Vazquez, 2008).

A não efetivação de meios que possam garantir, promover e defender os direitos civis, políticos e sociais de forma satisfatória possibilita uma situação de constante ameaça pelas estruturas de poder como parte, hoje, de um projeto societário muito afinado com o capital financeiro internacional, na bandeira do neoliberalismo e suas estratégias de acumulação flexível (desregulamentação das leis trabalhistas, terceirização etc.).

Frente às ameaças e ao próprio desmonte dos meios que visam promover uma vida com maior dignidade, é importante relembrar que a história dos direitos humanos é marcada por lutas sociais. As conquistas foram decorrentes da organização e ação política de uma coletividade que ficou à margem do acesso aos bens socialmente produzidos, mas que buscou reivindicá-los.

Tratando-se da realidade brasileira, houve ao longo da história uma série de protestos, de cunho reivindicatório ou contestador, revoltas, guerrilhas e revoluções. Embora as questões que se relacionam com Direitos Humanos, na articulação da luta por direitos civis, políticos e sociais, só entrem na pauta e na agenda dos grupos de contestação a partir da segunda metade do século XX, os brasileiros sempre manifestaram publicamente sua insatisfação.

No entanto, ao falarmos dos direitos humanos a partir de uma construção cultural e de uma perspectiva materialista-histórica-dialética (considerando as singularidades da formação da sociedade brasileira), reforçamos a ideia de que sua efetivação não pode ser considerada algo óbvio, simples, dado ou uma regra a ser seguida. Isso poderia levar a experiências mecanicistas, ingênuas e/ou deslocadas da realidade e das condições existenciais e das necessidades dos sujeitos.

Todavia, o contrário disso, a ideia de direitos humanos como algo complexo, idealizado ou distante da vida concreta, gera uma postura de passividade e neutralidade diante dos fatos, esmorece a busca por possibilidades e espaços de resistências; inibe a proposição e a possibilidade de estratégias e formas de luta. Enfim, retira qualquer possibilidade da existência dos direitos humanos como referência e experiência concreta de uma construção social, pautada pela dignidade humana.

Em oposição a essas duas posturas com teor fatalista, apostamos na experiência da práxis (movimento de ação-reflexão-ação), mediada pelo diálogo, como construtora de uma cultura de direitos humanos. Acreditamos que a práxis, ao partir da realidade dos sujeitos (contexto, cotidiano, explicações vigentes, relações estabelecidas, sentimentos e concepções), em busca de elementos para a compreensão sobre a estrutura de classes e a dinâmica do modo de produção capitalista, tendo o trabalho como fundante do ser social, permite processualmente identificar possibilidades de superação do que está dado e a sua transformação por meio da organização da classe trabalhadora.

Assim, o investigar e o agir no mundo se tornam atos políticos.

As políticas sociais como forma de resistência ao neoliberalismo

Conforme aponta Behring (2009), o liberalismo clássico, como fundamento de um projeto societário, tornou autônoma a esfera do interesse privado em relação ao interesse público; assim, na concepção liberal de sociedade, não há contradição entre acumulação de riqueza e coesão social. Portanto, passível de promover um forte darwinismo social, em que a inserção social dos indivíduos se define por mecanismos de seleção natural (pró-ativismo individual e meritocracia).

Ao longo da segunda metade do século XIX e no início do século XX, o liberalismo perdeu sua hegemonia com o crescimento do movimento operário e os limites do próprio funcionamento do mercado, expresso na crise de 1929-1933. A partir do reforço da categoria trabalho, como fundante do ser social e de suas implicações sociais e políticas na vida cotidiana, a classe trabalhadora se organizou e passou a ocupar espaços de poder importantes, que culminaram com as conquistas dos direitos políticos e sociais, além da efetivação de governos socialistas a partir de 1917 (Behring, 2009). Por outro lado, instaurou-se a desconfiança em relação aos pressupostos do liberalismo econômico desde a crise de 1929 e, ao mesmo tempo, surge uma nova teoria econômica que destaca o papel do Estado na administração da demanda agregada, apresentada por J. M. Keynes. Essa intervenção ocorre por meio de políticas anticíclicas, fomentando o crescimento econômico e o nível geral de emprego (Keynes, 1999).

Sob esses pilares, registraram-se forte crescimento econômico, inflação sob controle e ampliação dos direitos sociais, desde o final da Segunda Guerra Mundial até o início da década de 1970, o que Hobsbawm (1995) denominou "anos gloriosos". Segundo Plihon (1996), um importante instrumento de regulação econômica desse período foi a relação salarial fordista, baseada no fortalecimento das negociações coletivas e dos direitos assegurados ao trabalhador via legislação trabalhista. Essa regulação das relações de trabalho permitiu que os ganhos de produtividade, com base em mudanças tecnológicas e nas alterações nos processos produtivos das empresas, fossem parcialmente repassados aos salários.

Assim, o padrão de desenvolvimento do pós-guerra renovava a relação salarial e o padrão de consumo, e rearticulava-os com os padrões tecnológicos e produtivos emergidos da Segunda Revolução Industrial, o que caracteriza uma relação cooperativa entre capital e trabalho, com retroalimentação do investimento e lucro esperado (Mattoso, 1995). O aumento da massa salarial dos trabalhadores garantiu demanda para a produção em larga escala, possibilitando o desenvolvimento da produção nacional e a evolução do consumo das classes trabalhadoras. A manutenção do poder de compra da massa salarial garante a continuidade de um processo de consumo dominado pelas mercadorias produzidas em massa, evitando uma deficiência cumulativa da demanda efetiva (Aglietta, 1979).

Concomitantemente, também houve apropriação parcial pelos Estados Nacionais destes ganhos de produtividade, por meio da tributação progressiva para financiamento das políticas públicas, o que resultou em aumento do emprego no setor público, do escopo das políticas sociais e dos gastos vinculados ao seu financiamento, o que caracterizou o Welfare State, especialmente nos países europeus (Hobsbawm, 1995). Segundo Wan Der Wee (1987), os Welfare States eram baseados em um sistema de proteção social com políticas preventivas, as quais garantem o nível de renda do trabalhador, por meio dos programas de previdência social e seguro-desemprego.

A força dos trabalhadores e o maior poder de barganha para os sindicatos, devido à dinâmica econômica de crescimento e ao pleno emprego, em conjunto com a ampliação dos direitos sociais e do trabalho, permitiram maior estabilidade e acesso aos padrões de consumo anteriormente inatingíveis à classe trabalhadora (Van Der Wee, 1987).

Após mais de duas décadas, o esgotamento do prolongado desenvolvimento econômico do pós-guerra foi resultado do desgaste dos impulsos dinâmicos do padrão de industrialização, com o enfraquecimento da capacidade dinâmica do progresso técnico, a maior saturação de mercados internacionalizados, o sobreinvestimento generalizado, a crescente financeirização da riqueza produzida e, por fim, a elevação dos preços do petróleo em 1973 (Mattoso, 1995).

Sem novos estímulos econômicos, o ritmo do crescimento desacelerou, acompanhado do aumento da inflação e da dívida pública, desgastando o padrão de desenvolvimento do período de ouro do capitalismo e, consequentemente, abrindo espaço para argumentos de caráter liberal. Entre eles, a tese que explica a crise econômica em razão do crescente peso dos salários e dos encargos sociais, em conjunto com o aumento da carga fiscal associada à expansão do setor público durante o período de crescimento, fatores que pressionaram a lucratividade e a rentabilidade e diminuíram a propensão a investir das empresas.

Com isso, as elites político-econômicas passaram a questionar e responsabilizar o Estado intervencionista, em especial as ações que não revertiam diretamente em favor dos interesses do capital, como a regulação sobre as relações de trabalho. Essa reinvenção do liberalismo promovida pelos neoliberais tornou-se hegemônica, após as eleições de Thatcher e Reagan na Inglaterra e EUA, respectivamente, em 1979 e 1980.

Durante os anos 1980 e 1990, o receituário neoliberal ganhou progressivamente adesão mundial e permaneceu hegemônico desde então, mesmo após diversas crises econômicas, com destaque para a crise financeira que eclodiu em 2008 nos Estados Unidos e se espalhou pela Europa e pelo resto do mundo. A interpretação dos neoliberais reduziu a maior crise econômica desde 1929 ao problema de déficits orçamentários e da elevação da dívida pública, assumindo a receita da austeridade orçamentária que, além da transferência do peso da dívida para as classes populares, levou, num segundo momento, à recessão ainda mais forte.

Dagnino (2004) explicita a necessidade de analisarmos as relações estabelecidas no interior e entre Estado e sociedade civil na construção da esfera pública. A imensa complexidade desse processo evidencia categorias importantes a serem exploradas, tanto no nível teórico como empírico: as construções dos sujeitos sociais, os projetos políticos[2] em disputa e o processo de tomada de decisão. Nesse sentido, deve-se identificar, de antemão, a concepção de Estado em vigência, pois é no Estado que se implanta um projeto de governo, através de programas e de ações voltadas para setores específicos da sociedade.

Assim, as políticas públicas são compreendidas como as de responsabilidade do Estado — quanto à implementação e à manutenção a partir de um processo de tomada de decisões que envolvem órgãos públicos e diferentes organismos e agentes da sociedade. Visões diferentes de sociedade, Estado, política pública e participação geram formas distintas de intervenção e gestão da esfera pública: privilegiam mais ou menos os interesses dos grupos detentores do poder econômico, ou as medidas distributivas e universalizantes.

Conforme apontam Behring e Boschetti:

> As políticas sociais são processos e consequências de relações complexas e contraditórias que se estabelecem entre o Estado e a sociedade civil, no âmbito do conflito e da luta de classes que envolvem o processo de produção e reprodução do capitalismo. Elas surgem a partir da mobilização e organização da classe trabalhadora no final do século XIX e começo do XX. Pautada na luta pela emancipação humana, na socialização da riqueza e na instituição de uma sociabilidade não capitalista, a classe trabalhadora conseguiu assegurar importantes conquistas na dimensão dos direitos políticos, como o direito ao voto, de organização em sindicatos e partidos. [...] Os direitos políticos, diferentemente dos direitos civis, são direitos coletivos, garantidos a todos, e independem

2. Utiliza-se o termo *projetos políticos*, no sentido *gramsciano*, para designar os conjuntos de crenças, interesses, concepções de mundo, representações do que deve ser a vida em sociedade, que orientam a ação política dos diferentes sujeitos. A virtude específica dessa abordagem está no vínculo indissolúvel que estabelece entre categorias de análise, como a identidade, a cultura, a política, o espaço de sua concretude e a possibilidade de intervenção para a transformação social, na perspectiva de uma hegemonia popular na relação entre Estado e sociedade civil.

> da relação do indivíduo com a propriedade privada. [...] A generalização dos direitos políticos é resultado da luta da classe trabalhadora e, se não conseguiu instituir uma nova ordem social, contribuiu significativamente para ampliar os direitos sociais, para tencionar, questionar e mudar o papel do Estado (Behring; Boschetti, 2006, p. 64).

No atual contexto, evidenciamos o acirramento da situação paradoxal inerente às políticas públicas, decorrente da hegemonia do modelo neoliberal. Não obstante, este cenário compõe um enredo maior de reprodução do capitalismo, assentado na exploração do trabalho, geradora de conflitos e antagonismos, e marcado pela lógica cíclica de crises econômicas. Assim, as constantes crises do capitalismo têm dimensão internacional e respostas/consequências locais, o que tem desafiado a capacidade crítica e organizativa da classe trabalhadora para manter os direitos conquistados e alçar projetos societários alternativos aos historicamente vivenciados. Da mesma forma, colocam-se as adversidades ocasionadas pelo não reconhecimento das classes populares no processo organizativo, assim como por identificação de gênero, raça e território, entre outras maneiras de discriminação.

Portanto, a garantia dos direitos sociais, das políticas afirmativas e da gestão democrática e participativa nas políticas públicas é uma forma importante de resistência da sociedade às pautas impostas pelo neoliberalismo, que exacerbam o individualismo e a falsa dicotomia entre social e econômico, ao mesmo tempo que urgem a conscientização e a organização da classe trabalhadora.

A educação popular como forma de resistência e organização da classe trabalhadora

Somos e nos transformamos a partir das nossas ações e criações no mundo. Dessa forma, o mais importante trabalho da cultura é o que os seres humanos realizam sobre eles mesmos. Segundo Brandão (1985), somos a única espécie que transcendeu o domínio das leis biológicas impressas geneticamente sobre cada um e todos os participantes de um grupo de seres vivos, para criar um mundo de relacionamentos fundado sobre regras sociais. Enfim, somos uma espécie única que, ao longo de toda a história da humanidade e também em cada pequenino momento da vida cotidiana, está a todo o tempo criando e recriando as teias e as tramas de símbolos e de significados, com os quais buscamos respostas às nossas perguntas. Com isso, estabelecemos sentidos para as nossas vidas, consagramos princípios e regras para podermos viver no único mundo que nos é possível: uma sociedade humana e as suas várias culturas.

A concepção de educação formulada por Paulo Freire (1983) tem como pressuposto o seu papel político: as experiências educativas devem ser capazes de provocar os olhares naturalizados e as explicações costumeiras, gerando provocações, reflexões, inquietude e indignação nos e com os sujeitos, na perspectiva da construção da emancipação da espécie humana.

O processo de mudança do "olhar" só ocorre a partir de processos que façam sentido para os sujeitos envolvidos — abordando seus problemas, reconhecendo seus limites e possibilidades —, fazendo a inter-relação entre a existência concreta pessoal e as questões de ordem social. É a partir da contradição da realidade material que os sujeitos poderão rever suas concepções e posturas, como também se colocar para reconstruir, permanentemente, a realidade em que vivem (Assumpção, 2009). A mudança de "visão do mundo" significa assumir outra concepção de mundo e posturas condizentes com ela.

Nesse sentido, argumentam Montaño e Duriguetto:

> Abrir mão de uma política integradora da luta contra a exploração de classe, das formas de luta e organizações clássicas de luta dos trabalhadores (como a luta sindical, por exemplo) pela pluralidade de lutas

> particulares e isoladas, a ausência de uma prospectiva de ação política voltada para a socialização da economia e do poder político e a priorização das resistências cotidianas contra um poder difuso que não faz ao poder de exploração de classes terminam em ações submissas ao capitalismo [...] A perda desta perspectiva de unidade, de uma práxis política coletiva e articulada, visando à construção de um novo projeto societário com e no pluralismo sócio-organizativo e político cultural das classes subalternas, ajuda a contribuir para que as mesmas se dispersem ou se esgotem no particularismo, com o que acaba reforçando a hegemonia do projeto liberal-corporativo (Montaño; Duriguetto, 2011, p. 349-350).

Essa mudança deve levar os sujeitos a terem capacidades de ler a realidade (consciência de si como ser social) e de agirem coletivamente para transformá-la (consciência do mundo, como construção histórica e produto de projetos societários em disputa). Portanto, trata-se de uma concepção de educação que pode trazer contribuições singulares na perspectiva da construção de um projeto societário emancipatório.

Nesse sentido, é importante que os processos educativos abordem centralmente a questão política, através de experiências que desmontem os processos de naturalização e o senso comum, contaminadas pelos ideais neoliberais que forjam o "sujeito empreendedor de si", tal como definiram Dardot e Laval (2016, p. 344). As explicações clássicas e comuns para a realidade concreta devem ser questionadas, a partir de "fala e olhares" dos diversos sujeitos, de forma a promover inquietude, reflexão, vontade de agir e resistir.

Considerações finais

Abordar os problemas que nos cercam, reconhecer os limites e possibilidades dos processos sociais em andamento, relacionar a própria existência concreta individual às questões decorrentes da ordem social e às contradições da realidade material podem ser movimentos de revisão de práticas, posturas, concepções que auxiliem a reconstrução da realidade que vivemos.

Nesse sentido, a ocupação dos espaços públicos, a ação política, a problematização da realidade são mecanismos que podem e devem fazer parte das lutas da classe trabalhadora diante das ininterruptas ondas conservadoras que se apresentam na realidade. Assim, é preciso um "pacto popular", que seja capaz de enfrentar a estruturação de um Estado de direito, que manteve a estrutura de classe, aos moldes do modelo clássico liberal, e a cultura de apropriações privadas do bem público, sem a participação efetiva da maioria da população.

É por meio da práxis política, concebida como estratégia na disputa de projetos societários, que é possível o combate às desigualdades, às violências e às opressões que historicamente têm sido vivenciadas pela classe trabalhadora e naturalizadas como "um darwinismo social". Portanto, reafirma-se a necessidade de radicalizar a democracia, de buscar soluções coletivas que retomem o trabalho como categoria fundamental do ser social em detrimento das saídas individuais, como o estímulo ao discurso empreendedor cada vez mais difundido, inclusive, entre as classes subalternas. É preciso garantir a justiça social e promover uma cultura política que tenha como horizonte a nossa capacidade, como seres humanos, de existir e de nos reproduzir com dignidade.

Na realidade atual, as ações de resistência são estratégias de luta e de postura política em defesa da dignidade de uma população estigmatizada, discriminada e inferiorizada por sua raça, etnia, classe social, faixa etária, gênero e orientação sexual. São estratégias de enfrentamento a defesa dos direitos humanos frente à violência do Estado, a luta contra retrocessos nas políticas sociais diante da hegemonia neoliberal e a educação popular como forma de construção de uma cultura de direitos, a fim de que os diversos sujeitos políticos e sociais possam articular propostas e ações que culminem em construções coletivas e pautas de luta.

Referências

AGLIETTA, M. *Regulación y crisis del capitalismo.* Madrid: Siglo XXI, 1979.

ASSUMPÇÃO, R. P. S. (org.). *Educação popular na perspectiva freiriana.* São Paulo: Instituto Paulo Freire, 2009.

ASSUMPÇÃO, R. P. S. *et al.* A violência de Estado e a busca pelo acesso à justiça. *Sur*: Revista Internacional de Direitos Humanos, v. 15, n. 27, p. 135-152, 2018.

BEHRING, E. R. Política social no contexto da crise capitalista. *In*: CFESS/ABEPSS. *Serviço Social*: direitos sociais e competências profissionais. Brasília: CFESS/ABEPSS, 2009.

BEHRING, E. R.; BOSCHETTI, I. *Política social:* fundamentos e história. São Paulo: Cortez Editora, 2006.

BRANDÃO, C. R. *A educação como cultura.* São Paulo: Brasiliense, 1985.

CHAUI, M. *Cultura e democracia*: o discurso competente e outras falas. São Paulo: Cortez Editora, 1984.

DAGNINO, E. Sociedade civil, participação e cidadania: de que estamos falando? *In*: MATO, D. (coord.). *Políticas de ciudadanía y sociedad civil en tiempos de globalización.* Caracas: Faces; Universidad Central de Venezuela, 2004. p. 95-110.

DARDOT, P.; LAVAL, C. *A nova razão do mundo:* ensaio sobre a sociedade neoliberal. São Paulo: Boitempo, 2016.

ENGELS, F. O papel do trabalho na transformação do macaco em homem (1876). *Trabalho Necessário*, Niterói, v. 4, n. 4, p. 1-9, 2006.

FREIRE, P. *Educação como prática da liberdade.* Rio de Janeiro: Paz e Terra, 1983.

GRAMSCI, A. *Concepção dialética da história.* Rio de Janeiro: Paz e Terra, 1987.

HEGEL, G. W. F. *Princípios da filosofia do direito.* São Paulo: Martins Fontes, 2009.

HOBSBAWM, E. *Era dos extremos*: o breve século XX (1914-1991). São Paulo: Companhia das Letras, 1995.

KEYNES, J. M. *Teoria geral do emprego, do juro e da moeda.* São Paulo: Atlas, 1999.

MATTOSO, J. *A desordem do trabalho*. São Paulo: Scritta, 1995.

MARX, K. *O capital*: crítica da economia política. São Paulo: Nova Cultural, 1985. Livro I.

MARX, K.; ENGELS, F. *A ideologia alemã*. São Paulo: Martins Fontes, 1998.

MONTAÑO, C.; DURIGUETTO, M. L. *Estado, classe e movimento social*. São Paulo: Cortez Editora, 2011.

PLIHON, D. Desequilíbrios mundiais e instabilidade financeira. *Economia e Sociedade*, n. 7, p. 85-127, 1996.

POLANYI, K. *A grande transformação*. Rio de Janeiro: Campus, 1980.

VAN DER WEE, H. *Prosperity and upheaval*: the world economy, 1945-1980. London: Pelikan Books, 1987.

VAZQUEZ, D. A. Reestruturação produtiva e flexibilização do trabalho no Brasil — anos de 1990. *Revista da Abet*, João Pessoa, v. 7, n. 1, p. 80-96, 2008.

CAPÍTULO 4

Aproximações entre Serviço Social e Educação Popular:

a dimensão educativa do trabalho profissional na defesa do Projeto Ético-político

Geovana Lucia Batista Loureiro

Francisca Rodrigues Pini

Maria Liduína de Oliveira e Silva

Introdução

O exercício de refletir sobre os desafios dados ao Serviço Social brasileiro na atualidade, bem como as possibilidades de enfrentamento a estes, requer a retomada da trajetória histórica da profissão: pensar como ela tem sido de diferentes formas requerida para atuar nas expressões da questão social ao longo de sua história, mas também quais foram as respostas construídas a partir destas requisições. Neste sentido, a reflexão trazida aqui não se fundamenta, propriamente, na história do Serviço Social, mas sim busca compreender o "*Serviço Social na história*", como nos ensinam as professoras Yazbek e Iamamoto (2021). Isto é, a profissão se inscreve histórica e contraditoriamente nos processos sociais em curso, sendo intrinsecamente construída e demandada a partir destes, tanto pela sua posição como classe trabalhadora inserida na divisão sociotécnica, sexual e étnico-racial no modo de produção capitalista quanto pelo seu papel privilegiado de atuação na (re)produção das relações sociais (Arregui; Raichelis, 2021; Iamamoto, 2015).

Logo, pensar o Serviço Social brasileiro é compreender a profissão a partir da formação sócio-histórica brasileira, em sua forma particular de desenvolvimento a partir do colonialismo, o qual, para além de uma economia subdesenvolvida e dependente, perpassa pelo massacre e pelo genocídio da população que construiu este país: os povos originários indígenas e a população negra escravizada e sequestrada de suas origens; mas também por suas formas de enfrentamento e resistência.

Desse modo, desde a gênese do Brasil temos uma unidade diversa de maneiras de exploração, violação e expropriação, em que formas arcaicas e modernas convivem em perfeita desarmonia, tal qual um ornitorrinco (Oliveira, 2020). É neste solo complexo e contraditório em que o Serviço Social vai se desenvolver, e ser convocado a intervir como forma de coesão e coerção social, nas diferentes expressões da questão social: fome, miséria, desigualdades sociais, violações de direitos, lutas, resistências, entre outras derivações inerentes ao modo de produção capitalista em um país colonizado e periférico.

A reestruturação do mundo de trabalho a partir de precarização, terceirização, flexibilização das relações trabalhistas coloca a classe trabalhadora em condições cada vez mais agudizadas de desumanização. Uma parte dessa mesma classe trabalhadora não compõe o mercado de trabalho formal, sendo assim, faz parte da superpopulação relativa. Dessa forma, não possui acesso aos direitos e leis trabalhistas que garantem a segurança na venda da força de trabalho em troca da sobrevivência. Isso não significa que esta classe trabalhadora não participe do ciclo de produção capitalista, tendo em vista que estes "desempregados" continuam gerando riquezas para o grande capital a partir de subempregos informais e precarizados (Antunes, 2020).

Todo este processo desenha-se em formas ainda mais perversas e cruéis quando os Estados-nações assumem sua forma de gestão "neoliberal", como modo de enfrentamento a mais uma longa crise estrutural do sistema capitalista. O neoliberalismo representado pelo seu lema trivial de "Estado mínimo" é o estágio em que na realidade o Estado se torna máximo para o capital, a partir do processo de desfinanceirização das políticas públicas e cooptação do fundo público para o grande capital (Salvador, 2010).

O Estado ausenta-se cada vez mais de suas funções básicas, como a de garantir os direitos fundamentais para a classe trabalhadora, e terceiriza sua responsabilidade para organizações e fundações da sociedade civil, deixando a população refém de um histórico permeado por relações clientelistas, assistencialistas e filantrópicas. Estas transformações dadas em nível mundial ganham contornos particulares com o avanço da extrema-direita no Brasil e do seu projeto político dependente do capital estrangeiro. A partir do golpe de 2016, agrava-se o cenário com o início de uma série de contrarreformas: o congelamento dos gastos públicos por 20 anos; a "reforma" previdenciária e trabalhista; o corte orçamentário da seguridade social, entre outras medidas ultraliberais agudizadas pela crise sanitária da covid-19, a partir de 2020.

É neste contexto de metamorfose das velhas e "novas" expressões da questão social que o Serviço Social está inscrito, seja como classe trabalhadora (vivencia o processo de empobrecimento e violações), seja como profissão que atua na questão da desigualdade social. De um lado, tem-se a reestruturação produtiva afeta aos(as) assistentes sociais como classe trabalhadora, os quais estão inseridos nos mesmos processos de precarização e informalização do trabalho, sendo cada vez mais para demandados institucionalmente, dos quais a exigência ao seu atendimento implica a garantia do seu emprego, e, portanto, da sua própria sobrevivência. De outro lado, é caótico o contexto no qual este profissional é chamado a intervir.

As políticas sociais — uma das principais mediações do seu trabalho — ganham caráter cada vez mais focalizado e seletivo, fornecendo um arsenal limitado, burocratizado e insuficiente para o atendimento às necessidades da população usuária. Assim, como as demandas apresentadas por esta população apresentam-se cada vez mais complexas e agudizadas pela barbárie da vida na sociabilidade capitalista, a(o) assistente social é convocado(a) a intervir neste processo complexo e contraditório, subsidiado pelo seu arsenal teórico-metodológico, ético-político e técnico-operativo, o qual se ancora no projeto profissional construído que se reconhece como classe que vive do trabalho e luta ao lado dos movimentos sociais.

De forma consciente ou não, crítica ou moralizante, o trabalho da(o) assistente social está embasado na dimensão educativa devido ao seu papel privilegiado de intervenção na (re)produção das relações sociais, o qual pode incidir reforçando a ideologia dominante ou contribuindo na construção de novas perspectivas, no horizonte da emancipação humana. Conforme Iamamoto:

> Esses tempos adversos exigem dos assistentes sociais recriar seu trabalho considerando tanto sua contribuição na reprodução material dos sujeitos, expressa na prestação de serviços sociais de qualidade a

partir de políticas públicas, quanto sua dimensão educativa que incide na cultura das classes subalternas: nas maneiras de ver, viver e sentir a vida, fortalecendo a dimensão coletiva das lutas sociais (Iamamoto, 2019, p. 457).

Nessa linha, propomos a retomada da reflexão sobre a dimensão educativa do trabalho da(o) assistente social como uma das possíveis respostas aos desafios contemporâneos da profissão, sobretudo, em tempos pós-covid em que a convivência se esgarçou por conta do isolamento social.

A partir da renovação crítica, o Projeto Ético-político passa a requisitar aos assistentes sociais uma práxis profissional propositiva e criativa que esteja alinhada com o projeto ético-político da profissão para o enfrentamento da realidade, o que significa ir para além do mero atendimento de demandas institucionais, construindo diferentes e criativas respostas às demandas da população usuária, em diálogos com esta (Iamamoto, 2015).

Aproximações entre Serviço Social e educação popular

Para desenvolver, hoje, o adensamento da dimensão educativa do trabalho da(o) assistente social, é necessário que este debate esteja alinhado com a formação/trabalho do Serviço Social, assegurando a direção social da profissão por dentro de seu projeto ético-político. Nesse sentido, temos como hipótese que a educação popular, a partir de sua práxis educativa crítica, é uma possibilidade de contribuir com a construção de ações para o enfrentamento dos desafios contemporâneos da profissão, considerando que a adoção da educação popular pelo Serviço Social no trabalho e em sua formação qualificaria a dimensão educativa da profissão, pelo fato de a educação popular ser reconhecida:

> [...] como campo de conhecimento e como prática educativa se constituiu em exercício permanente de crítica ao sistema societário vigente, assim como de contra-hegemonia ao padrão de sociabilidade por ele difundida. Construída nos processos de luta e resistência das classes populares (Paludo, 2015, p. 220).

Conforme a autora Conceição Paludo, a educação popular a partir do seu processo teórico-metodológico problematiza as relações sociais dominantes. Sendo assim, a sua adoção no trabalho profissional da(o) assistente social reafirmaria os princípios éticos e políticos, questionando a sociabilidade burguesa e reafirmando o compromisso profissional com o fortalecimento da classe trabalhadora a partir do aprofundamento da democracia, da articulação com as lutas sociais, vinculando-se ao projeto de uma nova ordem societária (CFESS, 1993).

Desta forma, compreende-se que a concepção de educação popular por intermédio do seu processo teórico-metodológico, desenvolvido por meio dos círculos de cultura, permite o desvelamento e a problematização da realidade dada como natural e imutável, promovendo a construção coletiva do saber entre sujeitos. Esta concepção de educação popular se ancora nos marcos teórico-metodológicos de Freire (1967, 2019a, 2019b, 2021), Brandão (2006), Gadotti e Torres (1992), hooks (2017).

A problematização da realidade material e concreta para o desvelamento crítico das questões que atravessam o cotidiano possibilita a apreensão coletiva de questões trazidas como individuais. O entrecruzamento de saberes auxilia na mediação das particularidades da vida social com a totalidade e seus determinantes, em uma relação dialética.

Diante deste movimento, os sujeitos tomam consciência de si, de sua realidade, do outro e do mundo. Uma consciência crítica que é construída socialmente na mediação com o real e promove a ruptura com a consciência ingênua (Freire, 2019a). É a partir deste movimento de desvelamento crítico dos sujeitos que há o reconhecimento de um sistema opressor, sendo este intensificado quando as opressões se inter-relacionam entre classe, raça/etnia, gênero, pessoas com deficiência.

A partir da práxis político-educativa da educação popular, o sistema capitalista é apreendido na sua totalidade, com todos os seus antagonismos e limitações e, pelo mesmo movimento, apreendem-se suas possibilidades de reação e enfrentamentos. Assim, o sujeito assume seu papel de ser criador: do mundo, de vida, de história e de construção coletiva das possibilidades de enfrentamento desse sistema. Por isso, coletivos que adotam a perspectiva da educação popular fomentam processos de formação que incidem na compreensão do modo de produção capitalista e na construção das pautas coletivas, que comumente se desdobram nas lutas sociais, colocando-se no horizonte da emancipação humana durante o percurso histórico.

Os elementos constitutivos da educação popular — que tem em si uma práxis pedagógica política horizontal, ativa e emancipadora — em muito poderão contribuir com o trabalho profissional da(o) assistente social em seu cotidiano e com a população atendida. A partir do legado que a concepção de educação popular nos traz, poderão surgir novas experiências em que a população participe mais democrática e ativamente na intervenção e desenvolvimento das suas demandas, por meio de um desvelamento crítico da realidade promovido dentro dos espaços sócio-ocupacionais e por intermédio do trabalho profissional.

Desta forma, o desenvolvimento teórico-metodológico da educação popular não se aplica somente em grupos e indivíduos, mas também se desenvolve por meio da concepção adotada por assistentes sociais, na relação com a práxis profissional e como esta poderá contribuir para que a população usuária das políticas sociais possa despertar de "sujeitos-passivos" para "sujeitos-ativos" que participem dos espaços de controle democrático, debatam sobre os processos institucionais, defendam e concretizem a luta pelo acesso e ampliação dos direitos sociais, construam conjuntamente com a equipe de profissionais as respostas dadas às suas demandas — as quais, embora tenham singularidades subjetivas, fazem parte de uma totalidade que deriva da constituição da questão social e de suas expressões.

Embora as experiências em educação popular não sejam novidade na história do Serviço Social brasileiro nem latino-americano — por exemplo, as experiências no *Trabajo Social* argentino e chileno no movimento de reconceituação latino-americano ou a aproximação com a teoria de Paulo Freire na experiência de intenção de ruptura de Belo Horizonte, assim como as contemporâneas experiências, estejam elas sistematizadas ou não —, o debate ainda é permeado por estigmas e polêmicas. As experiências anteriores com a educação popular se deram de formas enviesadas, no período de renovação do Serviço Social, o qual levou ao superdimensionamento da dimensão política da profissão, dadas as condições históricas daquele momento de revisão das bases profissionais. A indistinção entre trabalho e militantismo trouxe um caráter "messiânico" e enviesado para estas experiências (Iamamoto; Santos, 2021).

Iasi ressalta que uma das polêmicas acerca da educação popular é:

> [...] entenderemos as características atuais da prática educativa predominante, é preciso destacar o fato de que a influência da educação cristã (não a tradicional praticada pela igreja, mas a proposta pelo movimento de Comunidades Eclesiais de Base — CEBs) é a determinante. Isso pode ser comprovado não só pela influência direta que educadores cristãos têm nas práticas e elaborações da atual educação popular, mas também pela natureza das preocupações antiverticalistas, na prioridade do aprender a aprender, na importância atribuída aos conhecimentos populares, entre outros aspectos (Iasi, 2011, p. 158).

Tanto na elaboração teórico-metodológica de Paulo Freire (2019b) quanto na formulação de Iasi (2011), o processo metodológico exige partir da realidade sócio-histórica, promover o debate por meio do conhecimento sistematizado pela humanidade e, por fim, formular sínteses que assegurem a relação teoria-prática.

A partir da compreensão dos limites profissionais e do pluralismo (CFESS, 1993) que nos permite realizar diálogo crítico com outras teorias progressistas, é possível realizar um debate contemporâneo da dimensão educativa do Serviço Social a partir da concepção da educação popular, sem cometer os mesmos equívocos anteriores, e que esteja alinhado com a direção social crítica da profissão.

A dimensão educativa do trabalho da(o) assistente social

A autora Marina Abreu (2002), no livro *Serviço Social e a organização da cultura*, problematiza os perfis pedagógicos da intervenção profissional. Nele, ela aborda o desenvolvimento do trabalho da(o) assistente social como profissão em diferentes contextos ideopolíticos e a estruturação dos perfis pedagógicos, desde a origem do Serviço Social. Em seus estudos, ela pontua três perfis: o primeiro, da ajuda, cuja centralidade está na benesse e caridade; o segundo, da participação, que se utiliza dessa perspectiva para legitimar a ordem burguesa com a participação da população; e, o terceiro, da dimensão emancipatória, cuja centralidade está na apreensão dos determinantes da sociabilidade capitalista, de seus impactos na vida cotidiana e do trabalho profissional com a população, construindo ações que forjam lutas e resistências.

É nessa conjuntura em que as múltiplas expressões da questão social se agudizam, na qual as(os) assistentes sociais têm disputado no trabalho profissional projetos profissionais e societários que possam se vincular com a dimensão emancipatória. O trabalho profissional tem nas formas de desigualdades, pobreza, violência, resistências, rebeldias e lutas sua matéria de análise e intervenção, questões que estão postas na sociedade e, mais do que isso, afetam diretamente a vida da classe trabalhadora. Nesse contexto, é preciso refletirmos as transformações do mundo do trabalho que nos exige profundas análises para compreendermos sua mudança em escala global, necessárias para uma práxis profissional em afinidade com a contemporaneidade.

> As metamorfoses no "mundo" do trabalho, como vimos analisando, incidem no mercado de trabalho do Serviço Social e no exercício profissional de assistentes sociais e demais profissionais, em uma contextualização de degradação do trabalho e precarização das condições em que ele é exercido, impactando não apenas as condições materiais dos sujeitos que vivem do trabalho, mas também suas sociabilidades individual e coletiva, considerando ainda a erosão dos sistemas públicos de proteção social, lugar institucional privilegiado onde operam os(as) trabalhadores(as) sociais (Arregui; Raichelis, 2021, p. 143).

Esta tarefa exige da(o) profissional a leitura crítica do seu espaço sócio-ocupacional: com os seus determinantes, suas particularidades mediadas com a totalidade societária, com suas incipiências institucionais, mas também com suas possibilidades. A partir dessa leitura, o reconhecimento da dimensão educativa profissional delineia-se, sendo necessária a reflexão de como esta incide na população atendida a partir das intervenções realizadas — seja de forma individual, seja em grupos. É nesse contexto que o trabalho profissional precisa imprimir o seu sentido, com capacidade para criar, fazer escolhas éticas, técnicas, políticas e teóricas, reconhecendo os limites existentes, mas, sobretudo, atuando nas possibilidades para forjar outros modos de intervenção profissional, que nos coloque sempre ao lado da população que acessa às políticas sociais, as quais nos empregam. Isso exige do(a) assistente social um rompimento necessário com o imediatismo e com a leitura incipiente da realidade concreta, para que seja possível o envolvimento dos sujeitos na construção das análises acerca da realidade.

No percurso de amadurecimento teórico do Serviço Social, a profissão formulou as Diretrizes Curriculares, coordenadas pela Associação Brasileira de Ensino e Pesquisa em Serviço Social (ABEPSS), a qual aponta os princípios para a formação/trabalho profissional da(o) assistente social, enfatizando aspectos imprescindíveis para um processo formativo que possibilite ao profissional os elementos necessários para apreensão da realidade social. Entretanto, é necessária a formação continuada para reflexão e aprimoramento do trabalho profissional cotidiano. A dimensão educativa do trabalho profissional, alinhada com o projeto ético-político profissional, nos aponta como desafio a educação permanente que nos assegure processos coletivos de suspensão do cotidiano, para que possamos retornar à práxis profissional em condições de contribuirmos com a população nos processos de enfrentamento ao autoritarismo e de práticas messiânicas, trazendo um horizonte de apropriação do bem público de forma coletiva.

Ademais, o debate sobre a dimensão educativa na práxis profissional coloca-se como necessidade do nosso compromisso em oferecer serviços qualificados e afinados com o território e a contemporaneidade, exigindo-nos uma educação permanente e contínua para criar e recriar novas estratégias coerentes para a nossa práxis profissional, que suscitem movimentos e mobilizações que adensem a cidadania e se coloquem no horizonte da defesa de uma ordem societária anticapitalista.

Considerações finais

Gadotti e Torres (1992), ao escreverem o livro *Estado e educação popular na América Latina*, refletem o quão é imprescindível a participação popular por dentro dos movimentos sociais para disputar o Estado, de modo que o fundo público e as instituições que o compõem estejam a serviço da coletividade, derrubando a forma burocrática, hierarquizada e instrumental do seu funcionamento, o que seria feito por um amplo processo participativo. Tendo em vista que o Estado está a serviço da classe dominante e não há outro meio de acessá-lo senão através da disputa efetiva com as lutas populares, por isso, se faz necessária a defesa de uma educação para além do capital (Mészáros, 2005). Neste movimento, inserem-se o papel do(a) assistente social e a possibilidade de sua intervenção de forma a tensionar a correlação de forças postas, a partir do diálogo crítico entre a dimensão educativa do Serviço Social e a educação popular.

É a partir da comunicação com a população, problematizando as demandas concretas que afetam suas vidas, que se pode pensar em ações coletivas e efetivas de enfrentamento aos desafios contemporâneos postos à profissão e, de forma geral, à vida em sociedade. Isso implica a construção de conhecimentos com os diversos sujeitos sociais mediados pela realidade, e exige o estabelecimento de uma relação horizontal e de reconhecimento dos diversos saberes para a socialização da riqueza cultural e social produzida pela humanidade, o qual é proposto pela educação popular. Trata-se da reflexão dos processos históricos, de forma esperançosa, assegurando as aspirações, os medos, sua percepção sobre a vida e o mundo, as situações que cercam os sujeitos para a construção de uma sociedade anticapitalista.

Assim, a práxis da educação popular pode subsidiar a formação e o trabalho profissional, por meio de ações conjuntas entre: profissão, população e sociedade em geral, que garantam a organização e a mobilização dos sujeitos, para o aprofundamento do projeto democrático na direção da emancipação humana.

Desta forma, a educação popular pode ser uma possibilidade de reafirmar o que está posto no Código de Ética do Serviço Social, de 1993 — o qual completou, em 2023, trinta anos —, reafirmando o desafio como profissão de defender e materializar a direção social, os seus princípios éticos e prosseguir com a luta incessante pelo fortalecimento da democracia, em favor da equidade e justiça social, empenhando-se na eliminação de todas as formas de preconceito, incentivando o respeito à diversidade; a garantia do pluralismo, através do respeito às correntes profissionais democráticas; a opção por um projeto profissional vinculado ao processo de construção de uma nova ordem societária, sem dominação, exploração de classe, etnia e gênero; o compromisso com a qualidade prestada à população; e o exercício do Serviço Social sem ser discriminado(a), nem discriminar, por questões de inserção de classe social, gênero, etnia, religião, nacionalidade, orientação sexual, identidade de gênero, idade e condição física (CFESS, 1993, p. 23-24).

Referências

ABRAMIDES, M. B. C.; CABRAL, M. do S. R. 40 anos do "Congresso da Virada". *In:* SILVA, M. L. de O. *Congresso da Virada e o Serviço Social hoje*: reação conservadora, novas tensões e resistências. São Paulo: Cortez Editora, 2019.

ABREU, M. M. *Serviço Social e a organização da cultura:* perfis pedagógicos da prática profissional. São Paulo: Cortez Editora, 2002.

ANTUNES, R. (org.). *Uberização, trabalho digital e indústria 4.0.* São Paulo: Boitempo, 2020.

ARREGUI, C. C.; RAICHELIS, R. O trabalho no fio da navalha: nova morfologia no Serviço Social em tempos de devastação e pandemia. *Serviço Social & Sociedade*, São Paulo: Cortez Editora, n. 140, p. 134-152, jan./abr. 2021.

BRANDÃO, C. R. *O que é educação popular*. São Paulo: Brasiliense, 2006.

CONSELHO FEDERAL DE SERVIÇO SOCIAL (CFESS). *Código de Ética do(a) Assistente Social.* Brasília: CFESS, 1993.

FREIRE, A. M. A.; FREIRE, P. *Pedagogia da esperança*: um reencontro com a pedagogia do oprimido. 27. ed. Rio de Janeiro: Paz e Terra, 2020.

FREIRE, P. *Educação como prática da liberdade.* Rio de Janeiro: Paz e Terra, 1967.

FREIRE, P. *Pedagogia da autonomia*: saberes necessários à prática educativa. Rio de Janeiro: Paz e Terra, 2019a.

FREIRE, P. *Pedagogia do oprimido.* 71. ed. Rio de Janeiro: Paz e Terra, 2019b.

FREIRE, P. *Pedagogia da indignação.* 5. ed. Rio de Janeiro: Paz e Terra, 2021.

GADOTTI, M.; TORRES, C. A. (org.) *Estado e educação popular na América Latina.* São Paulo: Papirus, 1992. (Série Educação internacional do Instituto Paulo Freire).

HOOKS, B. *Ensinando a transgredir*: a educação como prática da liberdade. São Paulo: WMF, 2017.

IAMAMOTO, M. V. *O Serviço Social na contemporaneidade*: trabalho e formação profissional. 26. ed. São Paulo: Cortez Editora, 2015.

IAMAMOTO, M. V. Renovação do Serviço Social no Brasil e desafios contemporâneos. *Serviço Social & Sociedade*, São Paulo: Cortez Editora, n. 136, p. 439-461, set./dez. 2019.

IAMAMOTO, M. V.; SANTOS, C. M. dos (org.). *A história pelo avesso*: a reconceituação do Serviço Social na América Latina e interlocuções internacionais. São Paulo: Cortez Editora, 2021.

IASI, M. *Ensaios sobre consciência e emancipação*. São Paulo: Expressão Popular, 2011.

MÉSZÁROS, I. *A educação para além do capital*. São Paulo: Boitempo, 2005.

OLIVEIRA, F. de. *Crítica à razão dualista*: o ornitorrinco. São Paulo: Boitempo, 2020.

PALUDO. Conceição. Educação popular como resistência e emancipação humana. *Cadernos Cedes*, Campinas, v. 35, n. 96, p. 219-238, maio/ago. 2015. Disponível em: https://www.scielo.br/j/ccedes/a/CK6NyrM6BhKXbMmhjrmB3jP/?format=pdf&lang=pt. Acesso em: 24 out. 2023.

SALVADOR, E. Fundo público e políticas sociais na crise do capitalismo. *Serviço Social & Sociedade*, São Paulo: Cortez Editora, n. 104, p. 605-631, dez. 2010. Disponível em: https://www.scielo.br/j/sssoc/a/JjjhnQzh9FGx9q3t7WsT35g/?format=pdf&lang=pt. Acesso em: 24 out. 2023.

SILVA, M. L. de O. *et al*. *Educação popular e universidade*: vivências a partir da extensão, pesquisa e ensino. São Paulo: Editora Unifesp, 2022.

YAZBEK, M. C.; IAMAMOTO, M. V. (org.). *O Serviço Social na história*: América Latina, África e Europa. São Paulo: Cortez Editora, 2021.

CAPÍTULO 5

Divisão sociossexual do trabalho e discriminação interseccional:

mulheres no mercado ilícito e informal de drogas

Joana das Flores Duarte

Claudia Mazzei Nogueira

Divisão sociossexual do trabalho e discriminação interseccional: raízes do Brasil

Em se tratando da realidade brasileira, devemos levar em questão alguns elementos centrais que aprofundam e enrijecem as formas de opressão e desigualdades históricas entre os sexos/gêneros. Primeiro e fundamentalmente, a colonização, que emprega aqui todas as suas formas de dominação e disparidades entre homens e mulheres — deixando, sem pairar dúvidas, um legado nefasto sobre como essas relações se estabeleceriam posteriormente, sobre pessoas pobres e negras. Vale destacar que o abrupto e violento processo de colonização (1500-1882) deu-se como forma de exploração dos povos originários, tráfico de negros e negras do continente africano e uma persistente extorsão dos recursos naturais, que inclusive seguiu mesmo após a "Independência" de 1822.

Em um breve resgate histórico para maior compreensão do pilar da raça em relação ao gênero, entre 1700 e 1822, o comércio e o tráfico de pessoas negras capturadas de diversas regiões do continente africano foram as explorações mais lucrativas para a Coroa portuguesa, sendo o Brasil o local que mais recebeu no mundo os povos escravizados (Nascimento, 1978).

Em decorrência disso, as relações sociais impostas pela ordem escravocrata regente à época constituíram um fator determinante no que diz respeito aos papéis ocupados pelas mulheres na sociedade, já que havia se estabelecido um divisor racial e hierárquico entre brancos(as) e negros(as) (Pestana; Nogueira; Matsunaga, 2022). Essa estruturação social é contextualizada por Saffioti (2013) como algo semelhante a uma sociedade de castas, a qual era socioeconomicamente estratificada, regida e ordenada pela cor da pele e pelas posições hierárquicas, em que o senhor de engenho (homem e branco) é a figura de maior poder eminente.

Dessa forma, a mulher negra estava à margem dessa estratificação social, sendo "[...] a última colocada na ordem das bicadas [...]. Na sociedade brasileira, a última posição é ocupada por mulheres negras e pobres" (Saffioti, 2001, p. 16). Por consequência, as mulheres negras eram expostas a todo tipo de dominação e opressão, tanto por castigos físicos de açoite quanto pelo trabalho escravo e compulsório.

> Ser mulher, e ser escrava dentro de uma sociedade extremamente preconceituosa, opressora e sexista, é reunir todos os elementos favoráveis à exploração, tanto econômica quanto sexual, e ser o alvo de humilhações da sociedade nos seus diferentes seguimentos (Silva, 2010, p. 3).

As mulheres brancas, mesmo que sejam marcadas por uma conjuntura histórica e social diferente daquela das mulheres negras, também tiveram sua vida e liberdade subjugadas ao homem branco e senhor de engenho, em uma rígida cultura machista e patriarcal, apesar de acontecer de maneira muito mais "branda" (Pestana; Nogueira; Matsunaga, 2022).

As mulheres brancas, no período do Brasil Colônia, enfrentavam o casamento compulsório por interesses do patriarca da família, casavam-se muito jovens, entre 13 e 15 anos, e já se tornavam mães logo em seguida. Assim, aos 20 anos de idade eram consideradas muito velhas para se casar, e eram educadas e criadas rigorosamente para exercer seus papéis de mãe, esposa e do lar. Saíam do domínio do pai para adentrar o domínio do marido, ou seja, para essas mulheres não havia muitos destinos possíveis que não ser esposa ou então, para as que não se casassem, reclusão nos conventos católicos. De uma forma ou de outra, ambas estavam confinadas à religião ou a um homem, inclusive, até mesmo a reclusão no convento muitas vezes era associada à escolha de um homem (Saffioti, 2013).

Através dessa atribuição histórica de "papéis de gênero", podemos identificar que o potencial transformador que há no ser humano é capaz de, em seu inverso, naturalizar processos socioculturais, como ocorre com o papel da mulher ocupando a esfera doméstica, de cuidado, e que naturalmente o espaço público pertence ao homem, e ao naturalizar este papel da mulher, os beneficiados deste processo, que são o patriarcado e o capital, instauram a crença de que em toda a história da humanidade e em todos os lugares do mundo as mulheres ocuparam este espaço doméstico, eliminando as diferenças históricas deste contexto, e ressaltam as características "naturais" das funções da mulher na sociedade (Saffioti, 2001).

No caso das mulheres negras, há uma tripla discriminação, marcada por sua condição de classe, raça e gênero. Confutando essas associações, adotou-se no presente capítulo a perspectiva interseccional de que um dos fundamentos é a visibilidade das diferenças de intragrupos marginalizados. Para a autora Kimberlé Crenshaw (2002), analisar somente as desigualdades de gênero, por exemplo, não permite mostrar as especificidades da subordinação interseccional de raça, classe, casta e etnia.

Lélia Gonzales (1984) reforça que a naturalização social da subalternação das mulheres negras destina essas mulheres e esses corpos negros a subjetividades de um determinado lugar social, sempre associado à servidão. Essa servidão não é a mesma da mulher branca, pois, no Brasil, por exemplo, devido ao longo período de escravidão, foram retiradas dessas mulheres negras o direito à maternidade, à família, aos cuidados e ao seu próprio corpo, formando uma simbiose produtiva e reprodutiva que acentua a perpetuação da opressão de gênero, tanto no mundo do trabalho quanto nas relações familiares que vão desembocar em diferentes oportunidades e vivências em sociedade (Giacomini, 1988).

Historicamente, a delimitação do espaço público assalariado e o privado reprodutivo entre homens e mulheres, concretizados e potencializados com base em mitos religiosos e ideologias conservadoras, tornaram-se "verdade absoluta", trazendo para a contemporaneidade uma enorme naturalização e aceitação cultural dos papéis de homem e de mulher na sociedade, além de legitimar as relações de hierarquia e poder entre os gêneros. Nos anos 1970, a mulher trabalhadora ampliava a sua participação nas lutas de classe e na organização política e sindical para realizar o enfrentamento em relação ao discurso conservador que preconizava um destino natural para a mulher: ser mãe e esposa, que mantinha o conceito de família como instituição básica e universal. É também nesse período que as lutas de enfrentamento e combate às opressões entres sexos/gêneros se tornam mais acentuadas. Ampliam-se as discussões sociais pelo seu direito ao trabalho, como reivindicações de salários iguais para trabalhos iguais, além da reivindicação de uma divisão mais justa no trabalho doméstico, na esfera reprodutiva, retirando parte da sobrecarga das mulheres na dupla ou tripla jornada de trabalho.

O capitalismo, que atualmente carrega em seus pilares a informalidade do trabalho, a precarização, a materialidade e a imaterialidade como mecanismos vitais para sua reprodução e preservação, confirma-se com a enorme expansão do setor de serviços (Antunes, 2020a). Com isso, o mesmo autor afirma que em todos os espaços possíveis o capitalismo irá converter o trabalho em potencial gerador de mais-valor, não só nos trabalhos pautados pela formalidade e respaldados pelas leis trabalhistas, mas principalmente nos trabalhos informais e flexíveis.

Não por acaso, quando as mulheres se inserem no mercado de trabalho, a principal porta de entrada é o setor de serviços, principalmente os de cuidado e limpeza. Segundo o Departamento Inter sindical de Estatística e Estudos Socioeconômicos (Dieese, 2023), os setores com maior participação feminina eram os serviços domésticos (onde representavam 91% do setor) e o setor de educação, saúde e serviços sociais (onde representavam 75% do setor). Ainda em 2022, as mulheres ganharam cerca de 21% a menos que os homens na mesma função mensalmente (uma diferença de R$ 2.909,00 para homens e R$ 2.305,00 para mulheres). Essa diferença se acentua ainda mais se fizermos um recorte de raça na análise, que em 2021 mostrava homens não brancos ganhando R$ 19,73 a hora trabalhada e mulheres negras R$ 10,83 (Dieese, 2023).

Essa naturalização do trabalho feminino como de menor valor ou de que mulheres têm maior aptidão para trabalhos de cuidado faz com que as mulheres trabalhadoras enfrentem dificuldades na hora de se inserirem no mercado de trabalho, sendo ainda a maior parte delas inseridas em trabalhos informais e/ou precários, com duplas/triplas jornadas de trabalho para poder completar renda, constituindo as posições menos favoráveis e precárias em relação ao vínculo trabalhista, à remuneração, à proteção social e às condições de trabalho.

Em contextos de crise no capitalismo, como, por exemplo, a mais recente pandemia de covid-19[1], tudo ou quase tudo deve se adequar, atender, servir ou impulsionar em última instância o processo de valorização do capital. O desemprego e a "mercantilização" da vida, entre outros fatores, amplificaram o caráter letal desse sistema em que a produção social, que deveria atender às demandas humanas e sociais, na verdade, se subordinou à autorreprodução do capital (Antunes, 2020b).

A normalização de formas precárias de contratações e de condições de trabalho, que foram implementadas em momentos de crise do capital e são perpetuadas como um constante estado de crise, levando trabalhadores e trabalhadoras a estarem em constante instabilidade financeira e de sobrevivência, reforça a ideia do privilégio da servidão sob a ameaça do desemprego e, consequentemente, expandem-se a precariedade total do trabalho e a retirada dos direitos trabalhistas vigentes, levando-os(as) para a informalidade como regra. Esses trabalhadores e trabalhadoras informais são submetidos a sucessivos contratos temporários, acerto informal de dias trabalhados, sem nenhum vínculo empregatício, em atividades instáveis e/ou temporárias que

1. Sugestão de leitura para maior compreensão do tema em: *Questão social em tempos de pandemia e relatórios covid-19*, publicados pela Cepal.

os deixam constantemente sob a ameaça do desemprego (Antunes, 2020a).

De forma geral, as mulheres ainda realizam trabalhos que são considerados socialmente "mais leves", entretanto, exigem muito mais concentração, destreza, com posturas inadequadas, movimentos repetitivos e rápidos, tudo isso aliado a postos com alta rotatividade de trabalhadoras(es), com baixos salários, pouca estabilidade e pequena ou nenhuma perspectiva de crescimento profissional.

Tais empregos precários citados, muitas vezes, se remetem ao trabalho doméstico, ou trabalhos de cuidado no setor de serviços, que têm a característica histórica herdada do contexto escravocrata de não reconhecimento na sociedade brasileira. Além disso, remetem também ao enviesamento dos papéis sociais de gênero em que a esfera da reprodução e do cuidado do lar e da família está direta e "naturalmente" ligada ao papel social feminino. Sendo assim, atualmente, ainda é propagada essa posição subalterna do trabalho feminino e do "papel social das mulheres" quando comparada às profissões compostas majoritariamente por homens.

Toda essa naturalização do "papel da mulher" na sociedade, aliada à precarização do trabalho feminino, favorece a exploração capitalista sobre estas trabalhadoras, uma vez que o trabalho doméstico — remunerado ou não — tem papel fundamental para a manutenção e sobrevivência do capital por ser executado majoritariamente pelas mulheres, que por sua vez ainda se encontram em um espaço de subordinação e exploração pelo capital, perpetuando, assim, as amarras do patriarcado associadas às opressões capitalistas.

Esclarecendo este ponto, Saffioti (2013, p. 230) afirma que a posição social da mulher, subvalorizada e restrita ao espaço privado, ainda presente nos discursos contemporâneos, guarda relação direta com o sistema escravocrata senhorial. As relações desiguais entre homens e mulheres e, consequentemente, a posição da mulher na sociedade em geral, "[...] constituem parte de um sistema de dominação mais amplo". A forma como se organizava e distribuía o poder na sociedade escravocrata brasileira foi determinante para a formação de uma estrutura social marcada por mitos e preconceitos, através dos quais a sociedade ainda hoje busca justificar a exclusão da mulher de "[...] determinadas tarefas e mantê-la, desta forma, no exercício quase que exclusivo de seus papéis tradicionais e das ocupações reconhecidamente femininas".

Nesse contexto, o emprego efetivo da força de trabalho das mulheres beneficiou diretamente o processo de formação econômico-social, tanto no emprego da mão de obra barata (manifestada nos baixos salários) quanto na condição discriminatória em que a mulher historicamente esteve situada. Assim, o Estado, com o apoio da sociedade, legitimou, como ainda legitima, as violações de direitos, em especial os relacionados ao mundo do trabalho e, consequentemente, à discriminação das mulheres, em particular, as pobres.

O modo de produção capitalista não só se aproveitou das relações de dominação já existentes, mas também a partir do trabalho como expressão de valor da força de trabalho feminina e masculina as aprofundou. O advento do processo de monetarização foi decisório para o estabelecimento da diferença entre homens e mulheres (adultos e jovens), quando o salário passou a ser fonte de renda e meio de subsistência. Assim, a força de trabalho da mulher seguiu o ordenamento feudal de inferioridade. Não obstante, os novos regimentos do sistema produziram em larga escala sua dependência financeira, seu empobrecimento, bem como a institucionalização do patriarcalismo, por estar diretamente articulado à opressão e à desigualdade nas relações de gênero. Só a partir desta leitura é que se pode compreender a divisão social e sexual e de gênero do trabalho, na órbita do Capital como expressão de valor.

Nesse sentido, a ideia concebida ao sexo/gênero não só serviu, como também segue servindo uma relação social desigual entre homens e mulheres, tanto na esfera privada quanto na pública. Essa desigualdade foi e é indispensável para o sistema capitalista, porque só assim ele é capaz de exercer efetivo controle sobre o corpo, a classe e o gênero. Negar isso é seguir negligenciando que as relações de produção e reprodução do capital produzem desigualdades não só na esfera produtiva, mas também na vida social como um todo.

Sistema de justiça e seletividade penal: a situação das mulheres presas por tráfico de drogas

Ainda hoje, mulheres negras estão distanciadas e apartadas da realidade de tantas outras mulheres e, mesmo assim, há reproduções de que para estarem onde estão há um comportamento, uma forma de expressar-se que define esse lugar de mulher criminosa. Desse modo, a ideia de criminalidade feminina, embora apresente uma intenção de publicizar a realidade de quem vive no cárcere, é reprodutora do discurso normativo e soberano androcêntrico, porque, para haver uma criminalidade feminina, é preciso que haja uma ideia concebida de feminino, logo, de mulher pensada a partir da experiência eurocêntrica masculina.

Duarte (2022a, 2022b), em pesquisa sobre a situação de mulheres presas em território nacional na tipificação da lei de drogas, mostra como as instituições jurídicas prospectam suas ações seletivas via discursos judicializantes. Se nos últimos 10 anos (2006-2016) aumentou consideravelmente o aprisionamento de mulheres pelo crime de tráfico, urge analisar quem são essas mulheres para além de suas rotinas de cuidado e responsabilidades, mas também o porquê de serem elas historicamente aprisionadas. Cabe pensar como as atividades ilícitas no Brasil sempre ocorreram, desde o mercado e tráfico de pessoas escravizadas até o de drogas na contemporaneidade. Importa pensar, a partir disso, como essas redes de tráfico precisaram e precisam existir para criminalizar sujeitas específicas para que encubram suas práticas ilícitas dentro de uma estrutura jurídica capitalista lícita e violenta.

Nesse aspecto, há uma diferença substancial no papel do Estado, pois não está mais como instituição reguladora da compra e venda da força de trabalho, dando limites e estabelecendo garantia de direitos nos marcos da sociedade capitalista, mas sim no aprisionamento dessa força de trabalho. O "patrão" do mercado de drogas é o patrão do século XXI. Isso porque com a destituição dos direitos e a regulação das relações de compra e venda da força de trabalho, ao patrão traficante é dado todo o poder de manejo na contratação e no valor a ser pago, na forma de regulação da força de trabalho, na imposição de castigos, bem como no uso da necessidade explícita da mulher para sujeitá-la a qualquer tipo de trabalho, inclusive usando o próprio corpo no transporte de drogas. Sobre o caráter seletivo do sistema de justiça e penal, este se dá na medida em que apenas mulheres pobres e periféricas são presas, ilustrando via senso comum a falsa ideia de que mulheres com maior poder aquisitivo não cometem crimes. A investigação, portanto, do mercado de drogas requer um aprofundamento não apenas sobre a condição de vida das mulheres que atuam nessa rede, mas também de fato como funciona essa rede. Como no mercado de trabalho, formal e precário, as mulheres presas são contratadas por demanda, não possuem um cargo fixo e atuam de acordo com a necessidade e logística do sistema.

Historicamente, as mulheres presas ficavam sob responsabilidade da Igreja Católica, cabendo às freiras sua correção e moralização delas. Nesse período, a gestão da prisão era pautada na reforma e ressocialização dessas mulheres a partir dos papéis de sexo/gênero social e institucionalmente impostos. Cenário esse que muda no transitar dessa responsabilidade atribuída ao Estado, quando assume o descaso e o abandono que figuram a "nova era" das prisões femininas.

A dimensão punitiva formata-se a partir da política do esquecimento, forma mais tradicional e institucional em voga para punir mulheres, ao usar os estereótipos de sexo/gênero como estratégias de punição. Ainda que essas mulheres transgridam, via cometimento de infração penal, suas representações sociais estão assentadas em relações desiguais entre sexo/gênero, porque vivem e se socializam numa sociedade enraizada nessa lógica. O sistema de justiça e penal, portanto, potencializa essas desigualdades ao penalizar e retirar dessas mulheres as atribuições social e historicamente dirigidas ao sexo feminino.

Ausência da família, perda dos filhos e o cárcere solitário estão entre as principais queixas dessas mulheres em situação de aprisionamento. Trata-se, pois, de uma retirada violenta, não consentida, gerando uma cicatriz indelével junto às marcas do cárcere e do cumprimento da pena, sendo levada por toda a vida. Por isso, penaliza-se também o gênero/sexo na medida em que, no sistema masculino, esse tipo de penalização não vigora como prática institucional. Importa destacar que as instituições historicamente atuaram no confinamento das mulheres. Assim, prisão, escola, convento, casamento e família definiam de forma muito específica o que caberia à mulher. Da correção imposta na prisão ao cuidado do lar e da família no casamento, a vida da mulher foi regida por práticas institucionais. Na medida em que as mulheres passaram a demandar o direito ao sufrágio universal, essas instituições também foram alteradas, ainda que minimamente. Dessa forma, as mulheres que hoje pesquisam rompem com uma historicidade em que o estudo e o lugar do pensamento eram legados somente aos homens. Isso explica talvez o porquê de mulheres se interessarem em pesquisar a situação de outras mulheres na contemporaneidade — visto que na história do confinamento, dadas suas especificidades, à produção da norma e da disciplina sobre a mulher legou um lugar recíproco.

Há uma suposta desagregação da concepção de trabalho no tráfico de drogas por sua condição ilícita, tendo em vista que as mulheres presas executam trabalhos informais anterior e posteriormente ao aprisionamento, sobretudo dentro da prisão. Por vezes, a ideia de tráfico de drogas concentra-se nos efeitos do modo operante do aprisionamento e não na sua dinâmica extramuros. Essa dispersão ocorre, principalmente, pelo fato de pesquisas e estudos abordarem o tráfico de drogas com conduta ilícita, mas não como trabalho ilícito e informal. Isso explica o porquê dessas produções, ao abordarem o tráfico de drogas, relacioná-lo com as condições de cumprimento da pena.

Retomando a ideia de tráfico de drogas como trabalho, a produção de Moreira (2012) pode ser citada como exemplo, na medida em que a análise sobre os impactos do envolvimento de mulheres presidiárias diante do fenômeno das drogas é posta como questão central no ingresso dessas mulheres no cárcere pelo crime de tráfico. Não está explícito no texto que os impactos são resultantes da criminalização e da seletividade penal via mercado informal e ilícito de drogas, tendo em vista que, das 26 participantes do estudo, 10 informam não consumir nenhum tipo de substância psicoativa, tanto fora quanto dentro do espaço penitenciário.

No entanto, ao inscrever a naturalização dessa condição, há que se pensar nas condições de vida dessas mulheres e na forma como são criminalizadas pelo sistema de justiça e penal ao serem tipificadas de traficantes, bem como nas possibilidades de escolha de trabalho formal fora desse circuito. A ideia de vantagem parece, nesse sentido, desconsiderar os riscos impostos à atividade laboral exercida no mercado de drogas e a divisão entre sexo/gênero na atividade laboral.

Em pesquisa sobre o tema, Luciana Ramos (2012) diz que "divisão sexual do trabalho" foi identificada como uma das categorias centrais para pensar o ingresso de mulheres no mercado informal e ilícito de drogas, ao especificar que as desigualdades de sexo e gênero no mundo do trabalho formal são expressas no mercado de drogas, analogia suficiente para compreender que não só é um mercado, mas também que ele aprofunda as desigualdades na medida em que retira a possibilidade de formalização de direitos, beneficiando-se do ilícito para manter o informal e estabelecer postos de trabalho amparados na divisão sexual e de gênero.

Na mesma esteira, para Hannah Prado (2016), a divisão sexual e de gênero no trabalho aparece relacionada à questão racial. Segundo a autora, esse mercado estrutura-se desde a produção até a comercialização, por isso há uma diversidade no tocante ao ingresso dessas mulheres que podem, nessa estrutura, desempenhar atividades distintas.

Ainda segundo Prado, "[...] as estruturas penais atuam sobre a vida das mulheres de acordo também com as estruturas patriarcais e racializadas, o que caracteriza uma forma de controle e punição diferenciada" (Prado, 2016, p. 70). Desse modo, os determinantes de raça e gênero são utilizados pelo capital como forma de criar e ampliar espaços de trabalho com níveis de desigualdades para além das já impostas entre patrão e empregado. Por isso, as mulheres, nos últimos anos, foram mais encarceradas e criminalizadas, além de estarem em cargos mais visíveis como mulas e varejistas. Não por acaso, essas mulheres são majoritariamente negras.

Assim, a política proibicionista prevista na Lei n. 11.343, de 2006, não somente possibilitou ao Estado penal maior apreensão de mulheres, cujas penas são de cinco a quinze anos, mas também exacerbou a classe, a raça e o gênero como marcadores criminalizáveis. A partir da pesquisa de Prado (2016), é possível afirmar que o ingresso dessas mulheres está diretamente ligado ao desemprego e à informalidade. Para isso, a autora rememora a história da criminalização das mulheres negras, sobretudo como símbolo de ameaça permanente ao mostrar as práticas do sistema de justiça e penal (via definição legal, aplicação judicial e execução da pena) no curso da história sobre um mesmo segmento.

Considerações finais

Buscou-se neste texto explicitar como as desigualdades existentes na divisão sociossexual do trabalho não só serviram, como também seguem servindo a uma relação social e desigual entre homens e mulheres, tanto na esfera privada quanto na pública. Essa desigualdade foi e é indispensável para o sistema capitalista e jurídico, porque só assim se pode exercer efetivo controle sobre a classe, a raça e o gênero. Negar isso é seguir negligenciando que as relações de produção e reprodução do capital produzem desigualdades não só na esfera produtiva, mas igualmente na vida social como um todo.

Passados mais de cinco séculos, o sistema de justiça e o penal, bem como a perspectiva médica e a moral religiosa, buscaram e seguem buscando o controle sobre o corpo feminino. Para isso, construiu-se antes de tudo em cada período histórico um discurso hegemônico sobre ser Mulher. Portanto, recair na pérfida ideia de criminalidade feminina é atribuir no presente um discurso do passado de validação sobre quem é a mulher passível de criminalização.

As relações desiguais entre sexo/gênero, classe e raça se mostram também desiguais no aprisionamento, na destituição dos vínculos e na incorporação da culpa. No entanto, a desigualdade não é produto do cárcere, tampouco do mercado informal e ilícito de drogas. O que se explica a partir disso é que essas relações constituídas numa ordem societária dissonante aprofundam e franqueiam essas expressões.

Por fim, como luta feminista crítica, classista e antirracista, urge conflitar e negar o discurso de que existe uma criminalidade feminina. Os conceitos de negligência, desvio, disfunções, transgressão não são suficientes para supor que há uma conduta praticada por mulheres, ancorada nas relações de sexo/gênero, que as tipifique como criminosas ou não criminosas, é preciso, pois, afirmar que são elas sujeitas passíveis do discurso e da prática de criminalização do sistema de justiça e penal e, portanto, são oprimidas e exploradas intensamente.

Referências

ANTUNES, R. *O privilégio da servidão:* novo proletariado de serviços na era digital. 2. ed. São Paulo: Boitempo, 2020.

ANTUNES, R. *Coronavírus:* o trabalho sob fogo cruzado. São Paulo: Boitempo, 2020. [Recurso digital].

BRASIL. Sistema Nacional de Políticas Públicas sobre Drogas — Sisnad. *Lei n. 11.343, de 23 de agosto de 2006.* Institui o Sistema Nacional de Políticas Públicas sobre Drogas — Sisnad; prescreve medidas para prevenção do uso indevido, atenção e reinserção social de usuários e dependentes de drogas; estabelece normas para repressão à produção não autorizada e ao tráfico ilícito de drogas; define crimes e dá outras providências. Brasília, 2006. Disponível em: http://www.planalto.gov.br/ccivil_03/_ato2004-2006/2006/lei/l11343.htm. Acesso em: 26 mar. 2023.

CRENSHAW, K. Documento para o encontro de especialistas em aspectos da discriminação racial relativos ao gênero. *Revista Estudos Feministas* [on-line], Florianópolis, v. 10, n. 1, p. 171-188, 2022. DOI: https://doi.org/10.1590/S0104-026X2002000100011. Disponível em: https://www.scielo.br/scielo.php?pid=S0104-026X2002000100011&script=sci_abstract&tlng=pt. Acesso em: 26 mar. 2023.

DEPARTAMENTO INTERSINDICAL DE ESTATÍSTICA E ESTUDOS SOCIOECONÔMICOS (DIEESE). *Infográfico mulheres no mercado de trabalho.* São Paulo, 2023. Disponível em: https://www.dieese.org.br/infografico/2023/infograficosMulheres2023.html. Acesso em: 13 jun. 2023.

DUARTE, J. F. Mulas e mulheres no Brasil: uma questão de gênero, justiça e interseccionalidade. *Vértices*, v. 22 (especial), p. 871-888, 2022a.

DUARTE, J. F. O novo açúcar: a rota da cocaína na perspectiva de gênero. *Revista Estudos Feministas*, Florianópolis, v. 30, n. 1, p. e75162, 2022b.

GIACOMINI, S. M. *Mulher e escrava:* uma introdução histórica ao estudo da mulher negra no Brasil. Petrópolis: Vozes, 1988.

GONZALES, L. Racismo e sexismo na cultura brasileira. *Revista Ciências Sociais Hoje*, ANPOCS, p. 223-244, 1984.

MOREIRA, V. S. *Impactos do envolvimento de mulheres presidiárias com o fenômeno das drogas.* 2012. Dissertação (Mestrado) — Escola de Enfermagem, Universidade Federal da Bahia, Salvador, 2012.

NASCIMENTO, A. *O genocídio do negro brasileiro.* Rio de Janeiro: Paz e Terra, 1978.

NOGUEIRA, C. M. *O trabalho duplicado:* a divisão sexual no trabalho e na reprodução: um estudo das trabalhadoras de telemarketing. São Paulo: Expressão Popular, 2011.

PESTANA, B. M.; NOGUEIRA, C. M.; MATSUNAGA, L. Y. T. O trabalho doméstico assalariado em tempos de pandemia na sociedade brasileira. *In*: NOZABIELLI, S. R.; VAZQUEZ, D. A.; NOGUEIRA, C. M. (org.). *Questão social em tempos de pandemia*. Assis: Gráfica & Editora Triunfal, 2022. p. 163-178.

PRADO, H. Z. A. *O comércio de drogas ilegais na trajetória de trabalho de mulheres presas na penitenciária feminina do DF*. 2016. Dissertação (Mestrado) — Instituto de Ciências Humanas, Departamento de Serviço Social, Programa de Pós-Graduação em Política Social, Universidade de Brasília. Brasília, 2016. Disponível em: https://repositorio.unb.br/handle/10482/20793. Acesso em: 26 mar. 2023.

RAMOS, L. S. *Por amor ou pela dor?* Um olhar feminista sobre o encarceramento de mulheres por tráfico de drogas. 2012. Dissertação (Metrado em Direito, Estado e Constituição) — Faculdade de Direito, Universidade de Brasília, Brasília, 2012. Disponível em: https://repositorio.unb.br/handle/10482/13758. Acesso em: 26 mar. 2023.

SAFFIOTI, H. *A mulher na sociedade de classes*. São Paulo: Expressão Popular, 2013.

SAFFIOTI, H. *O poder do macho*. São Paulo: Moderna, 2001.

SILVA, M. P. Mulheres negras: sua participação histórica na sociedade escravista. *Cadernos Imbondeiro*, João Pessoa, v. 1, n. 1, p. 1-8, 2010.

CAPÍTULO 6

A violência contra a mulher na sociedade capitalista, racista e heteropatriarcal: reflexões para a formação em Serviço Social

Priscila Fernanda Gonçalves Cardoso

Helida Lima de Souza

Para Maria e Geovane

Introdução

O silêncio é um grito de socorro escondido
Pela alma, pelo corpo
Pelo que nunca foi dito
Ninguém viu, ninguém vê, ninguém quer saber
A dor é sua, a culpa não é sua
Mas ninguém vai te dizer
E o cinismo obtuso
Daquele cara confuso
Eu vou esclarecer: abuso

Ana Cañas, "Respeita".

Este capítulo é fruto das reflexões que vêm sendo realizadas no Grupo de Estudos, Pesquisa e Extensão "Fundamentos do Serviço Social: Ética, Formação e Trabalho Profissional", no Programa de Mestrado em Serviço Social e Políticas Sociais da Universidade Federal de São Paulo (Unifesp).

A temática da violência contra a mulher, especificamente, foi trabalhada na dissertação de mestrado de Helida Lima de Souza sob a orientação da professora doutora Priscila Fernanda Gonçalves Cardoso, incorporando importantes reflexões presentes nos encontros do Grupo de Pesquisa, com especial atenção à compreensão da violência contra a mulher como expressão do patriarcado, racismo e violência estruturais no sistema capitalista.

Como temática central aos fundamentos do Serviço Social, o debate do trabalho e da questão social vem se alargando e aprofundando a partir da compreensão da particularidade da formação social, econômica e política do Brasil e, para além disso, da importante compreensão das condições pré-capitalistas fundamentais à estruturação da modernidade e do desenvolvimento do capitalismo, em especial, o processo de colonização.

As relações étnico-raciais ganham centralidade na formação profissional, em estudos e posicionamentos das entidades da categoria e grupos de pesquisa na última década, passando a ser compreendidas como parte constitutiva da questão social e não mais como expressão ou manifestação dessa. O mesmo ocorre com a questão das relações sociais de sexo[1], embora, ao nosso entender, ainda necessitando de aprofundamentos. De fato, a incorporação das relações étnico-raciais ampliou o debate acerca da questão social, trazendo, inclusive, a possibilidade do aprofundamento sobre o patriarcado e suas expressões mais atuais.

Assume-se que é impossível falar do capitalismo sem falar do processo de colonização e, acrescentamos aqui, sem falar da caça às bruxas ocorrida na Europa a partir do século XVI.

> O que continua não reconhecido é que, como o comércio escravista e o extermínio de povos indígenas no "Novo Mundo", a caça às bruxas se coloca na encruzilhada de um aglomerado de processos sociais que prepararam o caminho para o surgimento do mundo capitalista moderno. Assim, há muito a ser aprendido a partir da caça às bruxas no que diz respeito às precondições para o salto capitalista (Federici, 2019, p. 40).

É, portanto, inverossímil separar o modo de produção e acumulação capitalista da colonialidade e do patriarcado. Racismo, misoginia e machismo são estruturantes do sistema capitalista, ao mesmo tempo que são estruturados por ele. Trata-se de um sistema centralmente baseado

---

1. Algumas autoras, como Saffioti (2004), tratarão o conceito de gênero na mesma linha do que entendemos como relações sociais de sexo. No entanto, várias outras autoras utilizarão o termo sem sua contextualização sócio-histórica, reduzindo o debate às características do "feminino". Destarte, optamos pelo uso de relações sociais de sexo, que abarcam inclusive elementos da diversidade sexual, como, por exemplo, a questão heteronormativa, e utilizaremos referências que usam a nomenclatura "gênero" em coerência com a perspectiva por nós adotada.

em opressão, exploração, dominação e hierarquização das relações de classe, raça e sexuais; ou seja, um sistema estruturalmente violento.

Relações sociais de sexo, classe e raça são indissociáveis relações de produção, assim, são dotadas de historicidade e materialidade concretas que as determinam, entrecruzando-se nelas, e entre elas a dominação, exploração e opressão, garantindo a perpetuação de relações sociais de igual padrão (Kergoat, 2010).

Esses são os fundamentos e as premissas que acompanham este texto ao apresentar a questão da violência contra a mulher, e, mais particularmente, a praticada por parceiro íntimo de sexo/afeto.

E qual a importância desse debate no âmbito dos fundamentos do Serviço Social? Ora, se temos como central para a profissão, como seu objeto de atuação, a questão social e suas expressões, é fundamental destrinchar a lei geral de acumulação capitalista que ocorre pela divisão social do trabalho, centralmente na divisão das classes sociais, daqueles que detêm sua força de trabalho e para sobreviver necessitam vendê-la, daqueles que detêm os meios de produção e, da contratação da força de trabalho, extraem a mais-valia. Essa divisão é também uma divisão sexual e racial do trabalho, que ocorre pela opressão, exploração e hierarquização das relações atravessadas por processos de violência e violação dos direitos humanos (Iamamoto, 2001; Yazbek, 2009; Marx, 2017).

Soma-se a isso o fato de falarmos de uma categoria majoritariamente formada por mulheres, 92,92% segundo o último levantamento do Conselho Federal de Serviço Social (CFESS), bem como uma maioria dentre as pessoas atendidas pelas(os) assistentes sociais (CFESS, 2022).

Vejamos, por exemplo, as informações do Sistema Único de Assistência Social (SUAS) que, em pesquisa apresentada pelo Ministério do Desenvolvimento Social (Brasil, 2018), aponta que 90,8% da titularidade do Programa Bolsa Família (PBF) era de mulheres; 77% das pessoas atendidas nos Centros de Referência de Assistência Social (CRAS) eram mulheres, e dentre essas, 71,2% negras (pretas e pardas); dentre as crianças e adolescentes que ingressaram no Programa de Atendimento Especializado a Famílias e Indivíduos (Paefi) em 2017, as meninas totalizavam 51,8% das vítimas de violência intrafamiliar, 75% das vítimas de exploração sexual e 77,2% das vítimas de abuso sexual. Em 2023, 81% das(os) responsáveis pela concessão do PBF eram mulheres (Brasil, 20 mar. 2023). Na política de habitação não é diferente. Considerando os dados do Instituto Brasileiro de Geografia e Estatística (IBGE) sobre responsabilidade pelos cuidados, tempo destinado ao trabalho doméstico e chefia de famílias, o Novo Programa Minha Casa, Minha Vida passa a priorizar o acesso à habitação de interesse social às mulheres.

> Na realidade, são as mulheres as principais atendidas pelos serviços socioassistenciais. Gostaríamos de sugerir, portanto, que esta constatação seja usada como subsídio para discussão do papel que as mulheres e as famílias assumem na política de Assistência Social (Brasil, 2019, n. p.).

Destarte, trazer o debate da violência contra a mulher para o Serviço Social desde a formação profissional é importante tarefa neste contexto de ampliação e aprofundamento do debate da questão social a partir do enovelamento entre classe, raça e gênero. Somos nós, na maioria das vezes, que receberemos essas mulheres nos diferentes serviços, mesmo que não os específicos para o acolhimento da mulher em situação de violência, podendo, inclusive, colaborar para o desnudamento de violências sofridas e invisibilizadas ou caladas.

A violência contra a mulher: heteropatriarcado[2], racismo e capitalismo

A violência contra a mulher ocorre em todas as classes e raças, porém, tem suas particularidades raciais e sociais. É fundamental

2. Utilizamos a expressão heteropatriarcado partindo do pressuposto de que "[...] a heterossexualidade compulsória é uma mediação fundamental da dominação-exploração patriarcal, daí a proposição do conceito de heteropatriarcado para lançar luzes sobre esta dimensão,

compreender essa violência e suas expressões como instrumento de opressão, exploração e subordinação das mulheres, ao mesmo tempo que são atravessadas por questões de classe e raça. Não se trata de também hierarquizarmos as violências, como nos ensina Lorde (2015), mas de compreendermos o enovelamento, nos dizeres de Saffioti (2004) dessas violências, para que seja possível combatê-las integralmente.

> Não existe hierarquia de opressão. Eu não posso me dar ao luxo de lutar por uma forma de opressão apenas. Não posso me permitir acreditar que ser livre de intolerância é um direito de um grupo particular. E eu não posso tomar a liberdade de escolher entre as frontes nas quais devo batalhar contra essas forças de discriminação, onde quer que elas apareçam para me destruir (Lorde, 2015).

Quando estabelecemos um olhar crítico para o triste fenômeno que envolve a violência contra as mulheres, sobretudo a curva crescente evidenciada nos mais recentes estudos e pesquisas, se torna fundamental se ater a discussão sobre a dimensão estrutural dessa violência, posto que ela não está dada naturalmente, não é inerente à existência do(a) indivíduo(a) como ser social, pelo contrário, é expressão do sistema de opressão, exploração e dominação cada vez mais recrudescido nesta sociedade capitalista de base heteropatriarcal e racista. Isto porque, é no percurso histórico que encontramos as determinações da permanência da violência dos homens contra as mulheres, sobretudo as não brancas.

Dito de outra forma, são estes elementos que estruturam a sociedade capitalista, heteropatriarcal e racista brasileira, que também estruturam, dão corpo e forma à violência dos homens contra as mulheres, pois as relações de opressão de classe, raça e sexo possuem na sua gênese a violência e o poder como elementos que dão sustentação

---

ainda marginalizada na análise crítica da realidade social" (Ferreira *apud* Cisne; Santos, 2018, p. 12). O heterossexismo é um pilar do patriarcado, pois ele se torna heterodeterminado e heterodenominado.

a esta forma de sociabilidade. Como nos apresenta Bento (2022, p. 14): "Relações de dominação de gênero, raça, classe, origem, entre outras, guardam muita similaridade na forma como são construídas e perpetuadas através de pactos, quase sempre não explicitados".

O domínio sobre a vida e os corpos das mulheres faz parte da socialização de meninas e meninos no contexto do patriarcado e do racismo, e segue sendo reproduzido das mais distintas formas nas relações de opressão e domínio.

Nesse sentido, pontuamos a importância de avançarmos para a compreensão de que as relações sociais de sexo são contraditórias, disputas "[...] formadas pela divisão do trabalho entre os sexos e o controle social da sexualidade e da função reprodutiva das mulheres" (Kergoat, 2010, p. 99), ou seja, são formadas pela divisão sociossexual do trabalho.

> As condições em que vivem homens e mulheres não são produtos de um destino biológico, mas são antes de tudo construções sociais. Homens e mulheres não são uma coleção — ou duas coleções — de indivíduos biologicamente distintos. Eles formam dois grupos sociais que estão engajados em uma relação social específica: as relações sociais de sexo. Estas, como todas as relações sociais, têm uma base material, no caso o trabalho, e se exprimem através da divisão social do trabalho entre os sexos, chamada de maneira concisa: divisão sexual do trabalho (Kergoat, 2010, p. 100).

Pelo até aqui exposto, percebemos que a mulher está na centralidade da exploração-dominação, sendo impossível fracionar o que seria a responsabilidade de cada um dos sistemas de exploração-dominação (capitalismo, racismo e heteropatriarcado) quando nos dispomos a olhar para as discriminações e violências sofridas pelas mulheres cotidianamente.

Mas as mulheres são plurais. É preciso olhar para essa violência com os seus marcadores e particularidades, abarcando a diversidade de mulheres — as negras, trabalhadoras do sexo, em situação de pobreza, em situação de rua, mulheres trans e travestis, indígenas, quilombolas, ribeirinhas e do campo, gestantes —, considerando, ainda, que em muitos casos mais de um marcador dessa diversidade está presente. E todas têm o direito a viver uma vida livre de quaisquer violências ou discriminação.

Conforme pontua Federici (2019, p. 68), o capitalismo impõe para as mulheres uma "[...] forma de sexualidade dócil, domesticada, instrumental para a reprodução da força de trabalho e a pacificação da mão de obra", forma esta que evidencia o quanto a dominação masculina serve aos interesses do capital, das classes dominantes, obstaculizando a união entre trabalhadores e trabalhadoras.

Em síntese, a exploração-dominação é uma relação na qual mulheres e homens ocupam posições desiguais e assimétricas, traduzidas em hierarquias e atribuições de papéis historicamente destinados ao feminino e ao masculino.

A Convenção de Belém do Pará — Convenção Interamericana para Prevenir, Punir e Erradicar a Violência contra a Mulher, instrumento do sistema regional-especial de proteção dos direitos humanos no âmbito da Organização dos Estados Americanos (OEA) — define a violência contra a mulher como "[...] qualquer ação ou conduta, baseada no gênero, que cause morte, dano ou sofrimento físico, sexual ou psicológico à mulher, tanto no âmbito público, como no privado". Afirma que:

> [...] a violência contra a mulher constitui uma violação dos direitos humanos e das liberdades fundamentais e limita total ou parcialmente à mulher o reconhecimento, gozo e exercício de tais direitos e liberdades, bem como é uma ofensa à dignidade humana e uma manifestação das relações de poder historicamente desiguais entre mulheres e homens (OEA, 1994, n. p.).

E nesse mesmo sentido caminham no Brasil a Política Nacional de Enfrentamento à Violência contra a Mulher e a Lei Maria da Penha (Lei n. 11.340/2006).

Temos como maneiras de expressão dessa histórica forma de dominação-exploração dos homens contra as mulheres as violências física, sexual, patrimonial, psicológica, obstétrica e moral, sendo que quanto aos parceiros íntimos de sexo/afeto, elas podem se dar "[...] *em qualquer relação íntima de afeto, na qual o agressor conviva ou tenha convivido com a ofendida, independentemente de coabitação*" (Brasil, 2006, art. 5º, III, grifos nossos).

Entender os elementos que conformam essa dominação-exploração é uma chave analítica a ser desenvolvida, com vista a pensar na ainda persistente permanência de milhares de mulheres no ciclo da violência, ao mesmo tempo que é fundamental pensar o papel das políticas sociais e das(os) profissionais na relação com essas mulheres que cotidianamente vivem a violência, acessam os diversos serviços das políticas sociais, contam suas histórias a diferentes profissionais num processo de revitimização, vitimização secundária ou violência institucional, e seguem peregrinando por suas rotas críticas, sem vislumbrar possibilidade de saída deste ciclo.

A realidade da violência contra a mulher no Brasil e a importância do trabalho profissional

O período da pandemia, bem como o avanço da ultradireita no Brasil, escancarou diferentes processos de discriminações vivenciados pelas mulheres e potencializou a violência por elas vivida, assim como a violência contra crianças e adolescentes. O cenário de recrudescimento que se apresenta no país nos últimos anos traz relevantes impactos para a vida das mulheres, sendo o ano de 2022 um dos mais cruéis, pois todas as formas de violência contra as mulheres aumentaram.

> Cerca de 18,6 milhões de mulheres brasileiras foram vitimizadas em 2022, o que equivale a um estádio de futebol com capacidade para 50

mil pessoas lotado todos os dias. Em média, as mulheres que foram vítimas de violência relataram ter sofrido quatro agressões ao longo do ano, mas entre as divorciadas a média foi de nove vezes (Agência Brasil, 2023, n. p.).

Pesquisa realizada em âmbito nacional pelo Fórum Brasileiro de Segurança Pública (FBSP) em parceria com o Instituto Datafolha, a qual resultou no *Relatório Visível e invisível: a vitimização de mulheres no Brasil* (FBSP, 2023b), apontou que 43% da população feminina brasileira afirma ter sofrido alguma forma de violência praticada pelo parceiro íntimo ao longo da vida, o que indica um total aproximado de 27,6 milhões de mulheres. Quando a distribuição é por faixa etária, mostrou que quase metade das mulheres entre 25 e 34 anos (48,9%) vivenciou algum tipo de ofensa sexual e/ou tentativa forçada para manter relação sexual, também pelo parceiro íntimo (FBSP, 2023b, p. 17-18).

Quanto à escolaridade, a pesquisa revela que as mulheres que concluíram somente até o ensino fundamental são as mais vulneráveis (49%), contudo, as mulheres com ensino superior ocupam a segunda faixa com maior incidência de violência praticada pelo parceiro íntimo ao longo da vida, com número muito significativo também (43%) (FBSP, 2023b, p. 18).

Em relação ao quesito cor/raça, a pesquisa aponta que as mulheres negras são mais suscetíveis à violência praticada pelo parceiro íntimo (45%), sendo que as brancas correspondem a um percentual de 36,9%. Observada a distinção feita pelo IBGE, dentre as mulheres negras, revela-se que as pretas sofrem ainda mais violência do que as pardas (48% e 43,8%, respectivamente) (FBSP, 2023b, p. 19). Esses dados escancaram mais uma vez que o racismo está muito longe do fim, mais do que isso, apontam como os corpos, a liberdade e a subjetividade das mulheres negras continuam sendo extirpados, ainda nas relações íntimas de sexo/afeto.

Os dados referentes à maternidade demonstram que as mulheres mães estão mais expostas à violência do que as mulheres não mães, embora com números bem próximos: 44,4% e 40,4%, respectivamente. O que nos chama a atenção nesta particularidade é o acesso aos recursos básicos. Dentre as mulheres com filhos, 13,2% informam ter o acesso negado, enquanto as sem filhos, apenas 3,4%, um percentual quase quatro vezes menor (FBSP, 2023b, p. 20).

Quanto à violência sexual, o ano de 2022 se apresenta como o cenário mais devastador da história já registrado, mesmo considerando-se a subnotificação existente. As vítimas são em sua maioria do sexo feminino (88,7%), sendo que mais da metade das vítimas (61,4%) têm menos de treze anos (FBSP, 2023a, p. 156-157). Mais uma vez, estamos diante da objetificação, da dominação dos corpos e da subjetividade das mulheres e meninas. São cerca de 822 mil casos por ano, o que nos coloca diante da impactante realidade de que no Brasil, a cada um minuto, duas mulheres são estupradas, sendo familiares ou conhecidos os maiores agressores (62% conhecidos da vítima) e em 63% dos casos, o crime foi cometido dentro de casa (Silva, 2023).

Há, ainda, os dados sobre o recentemente tipificado, mas historicamente existente, crime de perseguição, também conhecido como *stalking*, com 56 560 registros no ano de 2022, numa média de 155 casos diários (FBSP, 2023a, p. 16).

Impactantes são também os números sobre a forma extrema desta violência: o feminicídio. De acordo com os dados de 2022 (FBSP, 2023a, p. 16), houve um acréscimo de 6,1% nos índices de feminicídios consumados, com um acréscimo de 16,9% nos índices do feminicídio tentado, num movimento inverso ao dos assassinatos da população em geral, que decresceram 1%. Em relação aos feminicídios concretizados, 73% foram mortas pelo parceiro ou ex-parceiro íntimo e sete em cada dez vítimas foram mortas dentro de casa, 61,1% eram negras e 71,9% tinham entre 18 e 44 anos, mesmo tendo um acréscimo de 13,7% na concessão de medidas protetivas de urgência. Foram "[...] 1,4 mil mulheres mortas apenas pelo fato de serem mulheres — uma a cada seis horas, em média. Este é o maior número registrado no país desde que a lei de feminicídio entrou em vigor, em 2015" (Velasco *et al.*, 2023).

Esses dados nos mostram o quanto a violência praticada pelo parceiro íntimo atinge a pluralidade de mulheres nas mais diversificadas condições de vida e existência, reafirmando a forte presença do machismo, do racismo e da misoginia no sistema capitalista, racista e patriarcal, conforme trabalhado no item anterior. O Brasil figura como o 5º país do mundo mais violento para as mulheres (dentre 83 países) e como 80º país com qualidade de vida para as mulheres, dentre 170. Tem-se uma média de 35 mulheres agredidas física ou verbalmente a cada minuto no Brasil.

> No relatório "Visível e Invisível" nós destacamos três hipóteses principais: 1) em primeiro lugar, ressaltamos o desfinanciamento das políticas de proteção à mulher por parte da gestão de Jair Bolsonaro, que registrou a menor alocação orçamentária em uma década para as políticas de enfrentamento à violência contra a mulher mulher (FBSP, 2022); 2) chamamos a atenção para o impacto da pandemia de covid-19 nos serviços de acolhimento e proteção às mulheres, que em muitos casos tiveram restrições aos horários de funcionamento, redução das equipes de atendimento ou mesmo foram interrompidos; 3) por fim, não há como dissociar o cenário de crescimento dos crimes de ódio da ascensão de movimentos ultraconservadores na política brasileira, que elegeram o debate sobre igualdade de gênero como inimigo número um (FBSP, 2023a, p. 136-137).

Reafirmamos que essa violência não é doméstica, é pública! E por isso insistimos em nomeá-la como violência contra a mulher explicitando que ela é cometida em sua maioria por homens, em geral parceiros ou ex-parceiros íntimos.

O dito privado é público e estruturante deste modelo societário que na atual conjuntura de retrocessos, crise do capital e radicalização do conservadorismo intensifica a existência da dominação-exploração na vida das mulheres. A derrota de Jair Bolsonaro nas urnas em 2022 está bem longe de ser a derrota do conservadorismo no Brasil, basta olharmos o Senado e a Câmara de Deputados Federais, compostos por maioria gritante do centro-direita vinculado ao que ficou conhecido como "BBB"; a bancada da Bala (armamentista), do Boi (rural) e da Bíblia (evangélica).

Esse contexto de desafio e crescimento é correlacionado pelo FBSP com a teoria do *backlash*[3], presente em estudos feministas, como uma reação (retaliação) ao avanço de ações e intenções que vinham promovendo a busca da igualdade entre os sexos nos mais variados espaços, e a conquista de direitos e oferta de políticas às mulheres. Desta forma, aponta que este aumento seria "[...] uma reação ao fato de tentarmos romper com os papéis sociais que nos foram histórica e culturalmente atribuídos" (FBSP, 2023a, p. 137) por esta sociabilidade capitalista, racista e heteropatriarcal que tende a normalizar e colocar em posição de subalternidade tudo o que está associado ao feminino, mantendo o domínio dos corpos e subjetividade das mulheres e pessoas que fogem aos padrões da heteronormatividade.

De acordo com a professora Dandara Ramos, "[...] a violência contra mulheres e meninas é um problema de saúde pública resultado de uma discriminação estrutural e arraigada, que requer medidas e reformas legislativas, administrativas e institucionais" (Silva, 2023).

Em audiência pública realizada em meados de agosto de 2023 (e publicada pela Câmara dos Deputados), as debatedoras sustentaram que o aumento da violência contra as mulheres no Brasil é decorrência do desmonte das políticas públicas de proteção e acolhimento às mulheres nos últimos anos. Carmela Zigoni, coordenadora do Instituto de Estudos Socioeconômicos, apontou a redução de 75% na execução orçamentária de ações voltadas para mulheres entre os anos de 2014 a 2019, passando de 185 milhões para 46 milhões. Ainda de acordo com ela, para 2022[4] a proposta orçamentária des-

3. Em tradução livre e literal: retaliação.

4. Importante destacar que vivemos um golpe civil em 2016, retirando a única mulher presidenta da República do governo — Dilma Rousseff, neste mesmo ano, é extinto o Ministério das Mulheres, da Igualdade Racial, da Juventude e dos Direitos Humanos (MMIRDH). Vivenciamos um nítido avanço das forças conservadoras e da ultradireita no Brasil que desembocou na eleição de Jair Bolsonaro em 2018. Não foram poucos os ataques às mulheres, a demonstração de misoginia e machismo com a violação de direitos das mulheres desde então. Um dos

tinava apenas treze milhões para todas as políticas de proteção às mulheres (Brasil, 2 ago.).

O cenário aqui descrito nos aponta com nitidez os resultados de uma sociedade estruturada pela opressão e pela exploração de classe, raça e gênero. Um resultado que, do ponto de vista da vida das mulheres, e, em especial das negras, tem se mostrado cada vez mais assustador nos conclamando a pensar estratégias básicas de sobrevivência, mesmo nessa ordem social. Evidencia-se um sério e desafiador problema para a segurança pública, para os serviços de assistência social, saúde e sistema de justiça, espaços esses nos quais, nós, assistentes sociais, estamos inseridas(os) de diferentes maneiras.

Considerações finais

Mas a luz não se apaga
Digo que sinto
Ninguém me cala

Ana Cañas, "Respeita".

Diante desta conjuntura, é necessário reafirmar a importância do preparo de profissionais dos diferentes serviços/equipamentos para a percepção da vivência da violência, mesmo quando esta não é verbalizada, mesmo quando ainda não há forças para denunciá-la. Para tanto, é fundamental fortalecer o debate não somente nos espaços sócio-ocupacionais do trabalho profissional, mas também já na própria formação profissional para não cairmos no engodo de naturalizar esta violência que atinge a vida, os corpos e a subjetividade das mulheres,

primeiros atos do governo foi a criação do Ministério da Mulher, Família e Direitos Humanos (MMFDH) que seria ocupado por Damares Alves, representante do movimento evangélico e contra vários dos direitos das mulheres até então arduamente conquistados.

lembrando que além delas, suas(seus) filhas(os) que presenciam a violência também são vítimas desta.

Como já dito anteriormente, essa violência pressiona o Estado, os serviços e os profissionais para respostas cada vez mais capazes de promover o seu enfrentamento, e para isso, precisamos incorporar este debate, qualificando-o ainda no espaço acadêmico, pois essa é uma determinação da própria Lei Maria da Penha, em seu art. 8º, IX, ao estabelecer como uma das diretrizes da Política Pública de Enfrentamento "[...] *o destaque, nos currículos escolares de todos os níveis de ensino, para os conteúdos relativos aos direitos humanos, à equidade de gênero e de raça ou etnia e ao problema da violência doméstica e familiar contra a mulher*" (Brasil, 2006, n. p., grifos nossos).

Para além da determinação legal, é preciso ter coerência com nosso projeto profissional, que aponta para a defesa intransigente dos direitos humanos, e com nosso projeto de formação profissional que traz como uma das competências e habilidades a serem desenvolvidas: "Identificação das demandas presentes na sociedade, visando formular respostas profissionais para o enfrentamento da questão social, considerando as novas articulações entre o público e o privado" (ABEPSS, 1999, p. 1).

Ao observarmos nas Diretrizes Curriculares para os Cursos de Serviço Social (ABEPSS, 1996) as matérias básicas propostas, percebemos não haver nenhuma específica para o debate das relações sociais de sexo ou mesmo do debate étnico-racial. Há, no entanto, várias matérias nas quais podemos (e devemos!) tratar destas questões no enovelamento entre classe, raça e gênero. Além disso, as diretrizes inovam ao apontar que para além das matérias específicas (disciplinas, unidades curriculares), os cursos devem ofertar Seminários Temáticos e oficinas/laboratórios, bem como um conjunto de atividades complementares.

É, portanto, imprescindível que, ao mesmo tempo que a questão da dominação-exploração de classe, raça e gênero seja tratada no campo dos fundamentos do Serviço Social e organicamente vinculada ao debate da questão social, os temas a ela relacionados, tais como violência contra a mulher (nas suas mais diversas formas), maternidade, racismo, transfobia, saúde da mulher e da população negra, dentre outros, sejam ofertados nas outras possíveis formas de componentes curriculares.

Se a profissão é composta majoritariamente por mulheres e o maior quantitativo de acesso às políticas sociais são as mulheres, é preciso adensarmos o debate para a compreensão de que qualquer espaço sócio-ocupacional tomado pela(o) assistente social pode e deve ser uma livre porta de entrada para uma mulher em situação de violência. O trabalho em rede nos orienta para a não demarcação de portas exclusivamente predefinidas. A escuta deve ser qualificada, atenta, ainda que seja para escutar o seu choro, o seu silêncio. A mulher em situação de violência precisa ser cuidadosamente acolhida e encaminhada para os mais variados serviços de acordo com as suas reais necessidades, e isso capacita os serviços/profissionais para o processo de mitigação de rotas críticas e encerramento de ciclos de violência.

Que possamos contribuir em processos em que todas as mulheres não se sintam sozinhas, que não nos permitamos ser definidas por um homem (ou pelo patriarcado), e saibamos que nossa casa e nosso corpo também não nos definem, como nos inspira a música "Triste, louca ou má", de Francisco, El Hombre. Que sejamos nosso próprio lar e possamos a vida reinventar. Que sejamos, como assistentes sociais, uma das vozes a quebrar o silêncio ensurdecedor da violência contra a mulher!

Referências

AGÊNCIA BRASIL. *Mais de 18 milhões de mulheres sofreram violência em 2022*. Brasília, 2023. Disponível em: https://agenciabrasil.ebc.com.br/direitos-humanos/noticia/2023-03/mais-de-18-milhoes-de-mulheres-sofreram-violencia-em-2022. Acesso em: 6 nov. 2023.

ASSOCIAÇÃO BRASILEIRA DE ENSINO E PESQUISA EM SERVIÇO SOCIAL (ABEPSS). *Diretrizes curriculares elaboradas pela equipe de especialistas de 1999*. Brasília: ABEPSS, 1999.

ASSOCIAÇÃO BRASILEIRA DE ENSINO E PESQUISA EM SERVIÇO SOCIAL (ABEPSS). *Diretrizes gerais para os cursos de Serviço Social*. Brasília: ABEPSS, 1996.

BENTO, C. *O pacto da branquitude*. São Paulo: Companhia das Letras, 2022.

BRASIL. *Lei n. 11.340 de 7 de agosto de 2006. Lei Maria da Penha*. Cria mecanismos para coibir a violência doméstica e familiar contra a mulher, nos termos do § 8º do art. 226 da Constituição Federal, da Convenção sobre a Eliminação de Todas as Formas de Discriminação contra as Mulheres e da Convenção Interamericana para Prevenir, Punir e Erradicar a Violência contra a Mulher; dispõe sobre a criação dos Juizados de Violência Doméstica e Familiar contra a Mulher; altera o Código de Processo Penal, o Código Penal e a Lei de Execução Penal; e dá outras providências. Brasília, 2006. Disponível em: http://www.planalto.gov.br/ccivil_03/_ato2004 2006/2006/lei/l11340.htm. Acesso em: 31 out. 2023.

BRASIL. Planalto. *Mulheres são responsáveis familiares em 81% das concessões do Bolsa Família*. Brasília, 20 mar. 2023. Disponível em: https://www.gov.br/planalto/pt-br/acompanhe-o-planalto/noticias/2023/03/mulheres-sao-responsaveis-familiares-em-81-das-concessoes-do-bolsa-familia#:~:text=Na%20folha%20de%20pagamento%20de,de%20fam%C3%ADlias%20benefici%C3%A1rias%20neste%20m%C3%AAs. Acesso em: 6 nov. 2023.

BRASIL. Câmara dos Deputados. *Desmonte das políticas públicas levou ao aumento da violência contra mulheres, afirmam debatedoras*. Brasília, 2 ago. 2023. Disponível em: https://www.camara.leg.br/noticias/982443-desmonte-das-politicas-publicas-levou-a-aumento-da-violencia-contra-mulheres-afirmam-debatedoras/. Acesso em: 31 out. 2023.

BRASIL. Ministério das Cidades. *9 — O novo Minha Casa, Minha Vida tem algum benefício específico para mulheres?* Brasília, 17 abr. 2023. Disponível em: https://www.gov.br/cidades/pt-br/acesso-a-informacao/acoes-e-programas/habitacao/programa-minha-casa-minha-vida/guia-dos-beneficiarios-2013-programa-minha-casa-minha-vida-pmcmv/9-o-novo-minha. Acesso em: 6 nov. 2023.

BRASIL. Ministério do Desenvolvimento Social. Secretaria Nacional de Assistência Social. *Boletim Mulheres no SUAS*. Brasília: MDS, 2018, v. 5. (Boletins Vigilância Socioassistencial). Disponível em: chrome-extension://efaidnbmnnnibpcajpcglclefindmkaj/https://blog.mds.gov.br/redesuas/wp-content/uploads/2018/06/Boletim-5-CGPVIS.pdf. Acesso em: 5 nov. 2023.

BRASIL. Ministério do Desenvolvimento Social. Secretaria Nacional de Assistência Social. *Boletim Mulheres no SUAS*. Brasília: MDS, 2019, v. 7. (Boletins Vigilância Socioassistencial). Disponível em: chrome-extension://efaidnbmnnnibpcajpcglclefindmkaj/https://blog.mds.gov.br/redesuas/wp-content/uploads/2019/03/Boletim-7-Mulheres-no-SUAS-2.pdf. Acesso em: 5 nov. 2023.

CONSELHO FEDERAL DE SERVIÇO SOCIAL (CFESS). *Perfil de assistentes sociais no Brasil*: formação, condições de trabalho e exercício profissional. Brasília: CFESS, 2022.

CISNE, M.; SANTOS, S. M. de M. *Feminismo, diversidade sexual e Serviço Social*. São Paulo: Cortez Editora, 2018.

FEDERICI, S. *Mulheres e caça às bruxas*: da Idade Média aos dias atuais. Tradução: Heci Regina Candiani. São Paulo: Boitempo, 2019.

FÓRUM BRASILEIRO DE SEGURANÇA PÚBLICA (FBSP). *17º Anuário Brasileiro de Segurança Pública*. São Paulo, 2023a. Disponível em: https://forumseguranca.org.br/wp-content/uploads/2023/07/anuario-2023.pdf. Acesso em: 31 out. 2023.

FÓRUM BRASILEIRO DE SEGURANÇA PÚBLICA (FBSP). *Relatório Visível e invisível*: a vitimização de mulheres no Brasil. São Paulo, 2023b. Disponível em: https://forumseguranca.org.br/wp-content/uploads/2023/03/visiveleinvisivel-2023-relatorio.pdf. Acesso em: 31 out. 2023.

IAMAMOTO, M. V. A questão social no capitalismo. *Temporalis*, Brasília (DF): ABEPSS, ano 2, n. 3, 2001.

INSTITUTO DE PESQUISA ECONÔMICA APLICADA (IPEA). *Brasil tem cerca de 822 mil casos de estupro a cada ano, 2 por minuto*. Brasília, 2023. Disponível em: https://www.ipea.gov.br/portal/categorias/45-todas-as-noticias/noticias/13541-brasil-tem-cerca-de-822-mil-casos-de-estupro-a-cada-ano-dois-por-minuto. Acesso em: 6 nov. 2023.

KERGOAT, D. Dinâmica e consubstancialidade das relações sociais. *Novos Estudos Cebrap*, São Paulo, n. 86, p. 93-103, mar. 2010. Disponível em: https://www.scielo.br/j/nec/a/hVNnxSrszcVLQGfHFsF85kk/?lang=pt&format=pdf. Acesso em: 5 jan. 2022.

LORDE, A. Não existe hierarquia de opressão. *Portal Geledés*, 2015. Disponível em: https://www.geledes.org.br/nao-existe-hierarquia-de-opressao. Acesso em: 5 nov. 2023.

MARX, K. *O capital*: crítica da economia política. São Paulo: Boitempo, 2017. Livro 1. O processo de produção do capital. Seção VII — O processo de acumulação do capital. Capítulo 23 — A lei geral de acumulação capitalista. p. 689-770.

ORGANIZAÇÃO DOS ESTADOS AMERICANOS (OEA). Comissão Interamericana de Direitos Humanos. *Convenção Interamericana para Prevenir, Punir e Erradicar a Violência contra a Mulher, "Convenção de Belém do Pará"*. CIDH, Belém, 1994. Disponível em: http://www.cidh.org/basicos/portugues/m.belem.do.para.htm. Acesso em: 10 out. 2021.

SAFFIOTI, H. I. B. *Gênero, patriarcado, violência*. São Paulo: Fundação Perseu Abramo, 2004.

SILVA, C. A cada minuto, duas mulheres são estupradas no Brasil — a maioria em sua própria casa. *Carta Capital*, São Paulo, 2023. Disponível em: https://www.cartacapital.com.br/sociedade/a-cada-minuto-duas-mulheres-sao-estupradas-no-brasil-a-maioria-em-suas-proprias-casas/. Acesso em: 6 nov. 2023.

VELASCO, C. *et al.* Brasil bate record de feminicídio em 2022, com uma mulher morta a cada 6 horas. *G1*, 2023. Disponível em: https://g1.globo.com/monitor-da-violencia/noticia/2023/03/08/brasil-bate-recorde-de-feminicidios-em-2022-com-uma-mulher-morta-a-cada-6-horas.ghtml. Acesso em: 6 nov. 2023.

YAZBEK, M. C. O significado sócio-histórico da profissão. *Serviço Social:* direitos sociais e competências profissionais. Curso de Especialização a Distância. Brasília: CFESS/ABEPSS, 2009.

CAPÍTULO 7

Trabalho, questão social e racismo no Brasil:

desafios ao Serviço Social*

Tereza Cristina Santos Martins

* Este capítulo é o resultado de pesquisas anteriores, mas as afirmações aqui contidas foram consolidadas com a pesquisa do pós-doutorado, realizada no Programa de Pós-Graduação em Serviço Social (PPGSS) da Escola de Serviço Social da Universidade Federal do Rio de Janeiro (UFRJ).

Introdução

Ao afirmar que a luta antirracista no Brasil foi e é a expressão de um lugar do(a) negro(a) determinado pelo racismo que conduziu a majoritária parcela negra da classe trabalhadora a ficar à margem da cidadania regulada e dos processos organizativos a que são vinculadas as respostas do Estado à questão social, Martins (2017) não teve a menor pretensão de extrair os(as) trabalhadores(as) negros(as) das lutas que foram e são travadas pelo conjunto da classe trabalhadora, nem tampouco estabelecer uma cisão no seio dessa classe, muito menos desconhecer a luta dos trabalhadores negros desde o período da escravidão. A pretensão foi afirmar que o racismo com que se constituíram as relações sociais capitalistas no Brasil determinou o "lugar" dos(as) trabalhadores(as) negros(as) no seu processo produtivo.

Sem dúvida, essa afirmação traz implicações profundas para a análise da questão social no Brasil, principalmente quando se admite que embora componha a classe trabalhadora, a sua majoritária parcela, composta por trabalhadores(as) negros(as), encontra-se no lugar a ela destinado no mercado de trabalho: no desemprego, na informalidade e nas relações de trabalho mais precárias. O que significa reconhecer que, embora parte minoritária dessa parcela componha as lutas no âmbito sindical, as lutas tocadas pela sua maior fração estão diretamente associadas ao espaço extrassindical e voltadas para um conjunto muito amplo de expressões da questão social, sintetizado e apresentado como parte da luta antirracista, o que se apresenta como um desafio teórico.

Decerto, há o reconhecimento de uma significativa contribuição de autoras e autores de tradição marxista para a compreensão da questão social. Entretanto, se essa é uma contribuição imprescindível ao Serviço

Social — por evidenciar o caráter contraditório da relação capital-trabalho e, evidentemente, da relação "entre burguesia e o proletariado" —, ela é apenas o ponto de partida para análise do complexo conjunto de determinações da questão social no contexto de particularidades histórico-estruturais que caracterizam a sociedade brasileira.

As sinalizações introdutórias explicitam um posicionamento de que se o debate da questão social, desenvolvido pela categoria profissional, se apresenta como uma contribuição imprescindível à sua compreensão, ele não é suficiente para explicar, do ponto de vista teórico, a condição diferenciada da parcela negra da classe trabalhadora brasileira. Nesse sentido, este capítulo busca discutir sucintamente a condição diferenciada dos(as) trabalhadores(as) negros(as) para, em seguida, fazer alguns apontamentos em relação aos desafios que se apresentam para o Serviço Social.

Condição diferenciada dos(as) trabalhadores(as) negros(as) no interior da classe trabalhadora

Quando a "Pesquisa de Perfil dos Entregadores Ciclistas de Aplicativo" (2019), realizada pela Associação Brasileira do Setor de Bicicleta, em São Paulo, revelou que a principal motivação para os entregadores por aplicativos se vincularem ao trabalho de *delivery* era o desemprego (59%), ela também constatou que 71% desses entregadores eram negros (pretos e pardos) e, no âmbito das estratégias do capital globalizado, estes vivenciavam relações de trabalho informais e distantes de qualquer direito trabalhista. A extrema precariedade dessa relação de trabalho, mediada pela tecnologia informacional, reside no fato de que os trabalhadores não possuem salário, garantias, como férias, descanso semanal remunerado, Fundo de Garantia do Tempo de Serviço (FGTS), 13° salário e outros direitos garantidos aos trabalhadores contratados formalmente. Trata-se de uma "nova" modalidade de relacionamento da força de trabalho negra com o capital, mediada pelos aplicativos, constituída pela expressão combinatória que reúne a extração de mais-valia absoluta e relativa, nos moldes da superexploração a que historicamente os trabalhadores negros foram submetidos no Brasil.

Embora o desemprego seja uma manifestação da reestruturação produtiva, encetada como reação burguesa à crise do capital e aprofundada pela flexibilidade histórico-estrutural que marca o mercado de trabalho no Brasil, pensa-se que essas determinações não conseguem, por si sós, explicar o desemprego atingindo mais os trabalhadores negros, nem tampouco a maior inserção destes nos setores com maior nível de flexibilidade e precariedade. Essa consideração inicial é ponto de partida para pensar que o capitalismo no contexto brasileiro é profundamente marcado pela escravidão, e as resultantes do processo de transição do trabalho escravo para o trabalho livre repercutem até os nossos dias a marca da história do racismo com que se constituiu o capitalismo no país, quando o trabalhador africano e seus descendentes foram desqualificados para assumir o trabalho assalariado.

Nessa linha de argumentação, enfatiza-se que as relações sociais capitalistas no Brasil se constituíram a partir do racismo e, portanto, este não pode ser visto e tratado como manifestação à parte dessas relações. Esta assertiva aponta para a equivocada postura de analisar genericamente as condições materiais de vida e as relações de trabalho da classe trabalhadora brasileira como se fossem homogêneas e como se as relações capitalistas no Brasil operassem distanciando-se das marcas históricas que as constituíram.

Quando Wanderley (2000) empreendeu esforços de "[...] considerar as particularidades histórico-culturais e nacionais[1]" na análise da questão social, "no caso latino-americano e caribenho", ele lançou luzes sobre aspectos que não devem ser obscurecidos no debate da questão social no Brasil. Para o autor, a "temática do negro", como proposição histórico-estrutural, vai condicionar fortemente a "questão social", "[...] mesmo no caso de sua convergência com a significação

1. Esse é um esforço reconhecido por Netto (2001, p. 49) ao analisar a questão social.

europeia, por ocasião da implantação do capitalismo industrial no continente[2]". Ao demarcar o "processo histórico" que vincula a condição do negro à "questão social", Wanderley chama a atenção para o pós-libertação, quando se processam, no interior dos países com o regime de trabalho escravo, a transição para o regime de trabalho livre e posterior industrialização e urbanização. Nesse momento, a "questão social" "[...] se problematiza, [...], no racismo, ora velado, ora explícito, na afirmação da superioridade da raça branca sobre a raça negra". Por outro lado, "[...] ela se manifesta, no geral [...] pela desigualdade e discriminação sociais" (Wanderley, 2000, p. 93).

As assertivas de Wanderley (2000) não são difíceis de serem verificadas ao longo do processo de desenvolvimento capitalista no Brasil e da trajetória da parcela negra da classe trabalhadora. Os(as) trabalhadores(as) racialmente discriminados(as) se concentram nos empregos de maior rotatividade da força de trabalho, de maior informalidade e de menor nível salarial. Porcaro (1988) localiza mais de 80% de negros(as) em apenas cinco setores com prevalência de trabalhos instáveis e mal remunerados, marcados pela constante troca de emprego. No contexto de crise do capital e de reestruturação produtiva no país, a pesquisa do Departamento Intersindical de Estatística e Estudos Socioeconômicos/Instituto Sindical Interamericano pela Igualdade Racial (Dieese/Inspir) (1999), analisada por Paixão (2003), dá conta de que, em 1998, em seis regiões metropolitanas do Brasil, a proporção de ocupados em postos de trabalho mais "vulneráveis" é maior na parcela de trabalhadores de cor/raça negra (preta e parda). Reiteram a trajetória dos trabalhadores negros inúmeras pesquisas oficiais, dentre as quais a da Pesquisa Nacional por Amostra de Domicílios Contínua (PNAD Contínua), do terceiro trimestre de 2017, que confirma a maior participação dos trabalhadores pretos e pardos nos setores com maior nível de rotatividade da força de trabalho e maior precariedade em termos de condições de trabalho e remuneração, a

2. A despeito dos limites teórico-metodológicos apontados por Pastorini (2004), Wanderley sinaliza com uma importante pista para compreender a imbricada relação da questão étnico-racial com a questão social no Brasil.

exemplo da agropecuária, da construção, de alojamento e alimentação e, principalmente, dos serviços domésticos. Inclusive a pesquisa aponta que "[...] pretos e pardos representavam 66% dos trabalhadores domésticos no País" (IBGE/PNAD Contínua, 2017, n. p.).

As marcas das desigualdades étnico-raciais no interior da classe trabalhadora também se expressam no desemprego. Reiterando pesquisas anteriores, cuja condição diferenciada da parcela negra se expressa no extremo nível do desemprego — a exemplo de Salvador, onde os negros, 79,9% da População Economicamente Ativa (PEA), correspondiam a 86,4% do total de desempregados[3] —, a PNAD Contínua 2017, ao identificar dentre os 13 milhões de desocupados 8,3 milhões de pretos ou pardos (63,7%), lança luzes sobre a determinação racial manifesta nessa expressão da questão social, principalmente quando se observa que das 26,8 milhões de forças de trabalho subutilizadas no Brasil, 17,6 milhões (65,8%) eram de pretos(as) ou pardos(as) (IBGE/PNAD Contínua, 2017).

Portanto, não é um exercício de especulação considerar que, embora o descarte da força de trabalho seja parte da expansão capitalista, na formação social brasileira, o racismo, entendido como determinação impressa nas relações sociais de produção, processa-se na barbárie engendrada pelas relações sociais do seu capitalismo tardio. Sem dúvida, é a expansão capitalista que "[...] cria uma população sobrante, gente que se tornou não empregável, parcelas crescentes de trabalhadores que não encontram um lugar reconhecido na sociedade, que transitam à margem do trabalho e das formas de troca socialmente reconhecida" (Teles, 1998 *apud* Yazbek, 2001, p. 35). Contudo, ainda que não se tenham desenvolvido as mediações teórico-históricas apropriadas, não há como negar que na sociedade brasileira essa determinação vem entrelaçada às determinações étnico-raciais, sobretudo quando as pesquisas revelam que é a parcela da classe trabalhadora negra que assume proporcionalmente lugar de destaque no desemprego[4].

---

3. Dieese/Inpir (1999 *apud* Paixão, 2003, p. 109-110).

4. No período de 1995 a 2006, dos desempregados no país, 60,4% eram pretos(as) e pardos(as) e 38,3% eram brancos(as) (Paixão; Carvano, 2008, p. 100).

Também não se constitui em puro acaso que o aumento do desemprego de longa duração, as inúmeras modalidades de trabalho precário, instável e intermitente representam, em sua essência, a mesma ordenação da vida social de toda a classe trabalhadora (Yazbek, 2001), atingindo, fundamentalmente, a sua parcela composta de trabalhadores(as) negros(as). Vale ressaltar que a condição de informalidade incide na ausência de garantias de proteção social mínimas, e são justamente os(as) trabalhadores(as) negros(as) que estão inseridos(as) nessas modalidades de relacionamento informal e precário, distanciando-se dos direitos trabalhistas garantidos a outros trabalhadores engajados nas relações de trabalho formalizadas. Assim, da histórica trajetória de desemprego dos(as) trabalhadores(as) negros(as) e da informalidade das mulheres negras no trabalho doméstico[5], chega-se às "novas" modalidades de relacionamento da força de trabalho com o capital, a exemplo da terceirização[6] e do trabalho de *delivery*[7], com presença majoritária dos(as) trabalhadores(as) negros(as).

Dentro da perspectiva de que a "questão social" é determinada pela relação capital/trabalho, mas a condição étnico-racial é determinação das desigualdades no interior das desigualdades, é importante observar que mesmo considerando as determinações estruturais (como o processo de reestruturação produtiva no âmbito da reação burguesa à crise do capital, a que se soma a flexibilidade histórico-estrutural

---

5. Pesquisa revela que no período de 1995 a 2006, entre os(as) trabalhadores(as) pretos(as) e pardos(as), 75,8% estavam sem carteira assinada. Nesse grupo étnico-racial, 76,1% eram mulheres e 60,6% eram homens. Dos(as) trabalhadores(as) domésticos(as) com carteira assinada, 53,8% eram pretos(as) e pardos(as). No total de empregados sem carteira assinada, o peso dos homens pretos e pardos chegou a 3,3% e o das mulheres a 58,2% (Paixão; Carvano, 2008, p. 98).

6. "A terceirização como uma característica da flexibilidade no Brasil atingirá majoritariamente os negros, [...] porque a sua inserção ocorre justamente nas ocupações com maior precariedade nas relações de trabalho e, por isso, com menor proteção social (a exemplo daquelas que compõem o setor de serviços: como vigilância, segurança, limpeza etc.)" (Martins, 2017, p. 290).

7. Dos entregadores entrevistados na pesquisa da Associação Brasileira do Setor de Bicicleta, em São Paulo, 71% se declaram negros (pretos e pardos) (Aliança Bike, 2019). O perfil preponderante dos entregadores entrevistados na pesquisa "Condições de trabalho de entregadores via plataforma digital durante a covid-19 "[...] é de homens que se reconhecem como negros ou pardos (58,8%), com idade entre 25 e 44 anos (78,2%)" (Abílio *et al.*, 2020, p. 6).

do mercado de trabalho brasileiro), a condição de assalariada com registro em carteira reforça os determinantes raciais nas condições de trabalho e no acesso aos direitos e proteção social[8]. Assim, o peso relativo do emprego sem carteira assinada, na População Economicamente Ativa (PEA) ocupada/assalariada — tanto no setor privado quanto no público —, ao mesmo tempo que evidencia os trabalhadores(as) negros(as) na informalidade e sem carteira assinada, também revela a sua condição diferenciada no âmbito do conjunto da classe trabalhadora. Obviamente, essa condição diferenciada traz implicações político-sociais importantes[9], principalmente quando se tem presente que as relações salariais foram historicamente a referência a partir da qual a intervenção do Estado na questão social se organizou (Boschetti, 2006).

Desafios ao Serviço Social

Quando Iamamoto e Carvalho (1983) estrearam o debate dos fundamentos trazendo a "questão social" como categoria fundamental para entender a razão de ser da profissão e das políticas públicas no contexto do capitalismo monopolista, eles também lançaram as bases teóricas para compreender que a "questão social" é gestada na relação capital-trabalho. Não resta dúvida de que essa é uma contribuição significativa do debate da "questão social" no Serviço Social — por evidenciar a contradição da relação capital/trabalho e, notadamente, da relação "entre burguesia e o proletariado"—, entretanto, ela

8. Os vários estudos e as pesquisas oficiais constataram um maior percentual dos(as) trabalhadores(as) brancos(as) com carteira assinada e, consequentemente, com mais acesso aos direitos mínimos conquistados pelas lutas da classe trabalhadora. Exemplos: IBGE/PNADs, Relatórios Anuais das Desigualdades Raciais no Brasil, entre outros.

9. Uma vez "[...] à margem da cidadania estratificada a partir das posições ocupadas no mercado de trabalho", esses(as) trabalhadores(as) desenvolveram o seu processo organizativo distante do espaço sindical e, como consequência, as suas demandas acabaram sendo "[...] tratadas no âmbito do 'exclusivo paternalismo' e/ou do exclusivo 'caso de polícia'" (Martins, 2014, p. 128).

é apenas ponto de partida para análises ulteriores darem conta de outras determinações que se cruzam à determinação "molecular" da questão social no contexto de diferencialidade histórico-cultural que caracteriza a sociedade brasileira.

Se a lei geral da acumulação é fundante para apreensão da questão social, o seu caráter universal e mundializado não deve obstar a necessária compreensão das determinações do capitalismo que se constituiu no Brasil. Conforme sinaliza Netto (2001, p. 48), as "[...] particularidades nacionais [...] requerem determinação concreta". No caso brasileiro, dentre as suas particularidades, não há como não trazer à tona "[...] o caráter conservador da modernização operada pelo capitalismo brasileiro, os processos de 'revolução passiva'[10] e a centralidade da ação estatal para a constituição do capitalismo" (Netto, 1991; Santos, 2008). Entretanto, estas apontam apenas para determinações estruturais no âmbito do complexo de múltiplas determinações da questão social, dentre as quais o racismo se coloca presente.

Nesse sentido, é importante considerar que mesmo a lei geral operando "[...] independentemente de fronteiras políticas e culturais, seus resultantes societários trazem a marca da história que a concretiza" (Netto, 2001, p. 48). No contexto brasileiro, "[...] as marcas da escravidão e do racismo não deixam de mediar as relações e os processos engendrados pelo seu 'capitalismo tardio'" (Martins, 2013, p. 14). Aliás, marcas que "[...] interferem, agravam e aprofundam a conformação da 'questão social'" (Martins, 2014, p. 114-115). Mesmo quando há o reconhecimento de que a raiz das desigualdades está na produção social cada vez mais coletiva e na apropriação privada dos seus frutos, as relações étnico-raciais se entrelaçam à determinação molecular da questão social, revelando-se através das suas principais expressões. Portanto, mesmo quando se observa que a exploração da relação capital/trabalho afeta indistintamente toda

10. Behring (2008) aborda a revolução passiva, dentre outras particularidades da formação social brasileira, a partir da análise de Coutinho (1989).

"classe-que-vive-do-trabalho", os determinantes raciais se colocam em presença nas relações sociais de produção.

Essas sinalizações apontam para o Serviço Social os desafios a serem enfrentados na análise da questão social. Um desses desafios remete à "[...] pesquisa das diferencialidades histórico-culturais (*que entrelaçam elementos de relações de classe, geracionais, de gênero e de etnia construídos em formações sociais específicas) que se cruzam e tencionam na efetividade social*" (Netto, 2001, p. 49, grifos nossos). Aí está posta uma chave heurística para o enfrentamento teórico na análise da "questão social" que exige apreender o potencial de determinação do racismo na sociedade brasileira. Melhor: chave para investigar na formação sócio-histórica brasileira as determinações raciais e suas mediações com as determinações da exploração do trabalho pelo capital. Sem esse investimento, por parte do Serviço Social, a realidade concreta continuará denunciando e exigindo explicações do porquê de:

> [...] no âmbito de uma sociedade capitalista — [...] [como a sociedade brasileira] —, onde a propriedade privada dos meios de produção e a exploração do trabalho pelo capital afetam indistintamente a classe trabalhadora, os(as) mais pobres são exatamente aqueles(as) de descendência africana? Como explicar que quase 70% dos que têm renda familiar *per capita* inferior a R$ 70 mensais — e, por isso, se vinculam ao Programa Bolsa Família —, são pretos e pardos? Que associação é essa entre cor/raça e pobreza? (Martins, 2013, p. 12-13).

Nesse sentido, o que se deve investigar, além das determinações estruturais e conjunturais, são os elementos que se entrelaçam à exploração da relação capital/trabalho. A investigação deve considerar o fato de que o(a) usuário(a) dos serviços nos quais os assistentes sociais desenvolvem as suas atividades profissionais é majoritariamente trabalhadores(as) negros(as) — pretos(as) e pardos(as)[11]. Essa

11. Martins (2012, 2014) analisou a correlação entre condições de trabalho e de vida dos(as) trabalhadores(as) negros(as) no Brasil. Condições que conduzem à desproteção social e direcionam

constatação exige um repensar da formação profissional. Repensar no sentido de que a pesquisa e a formação levem em conta os processos sociais específicos da formação sócio-histórica do Brasil, e nesses, a *escravidão* — como estrutura que emoldurou a cultura brasileira — e o *racismo* — que tem determinado uma condição de trabalho diferenciada à parcela negra da classe trabalhadora. Não há dúvida de que esse é um desafio inadiável para o Serviço Social, mesmo porque a realidade concreta vem indicando que:

> [...] na formação social brasileira, não podemos tomar [a determinação medular da questão social] como exclusiva para a análise da condição social dos(as) trabalhadores(as) negros(as) e da sua inserção quantitativa nas várias expressões da "questão social". Primeiro, a história que concretizou o capitalismo brasileiro foi profundamente marcada pela escravidão dos(as) negros(as) e pela repressão. Segundo, a transição do trabalho escravo ao trabalho livre foi marcada pela ideia de uma incompatibilidade e desqualificação do negro para assumir o trabalho assalariado. Esses fatos foram decisivos na vida desses(as) trabalhadores(as) (Martins, 2012, 2013, p. 13).

Ora, essa constatação indica que, embora o caráter estrutural do capitalismo brasileiro opere independentemente de fronteira societária, ele não está imune da impressão das marcas particulares de cada contexto social. Ao contrário, tratando-se do caso brasileiro, o racismo não se articula apenas à determinação "medular" da questão social, exercendo influência decisiva para a concentração da parcela negra da classe trabalhadora no desemprego, no trabalho informal e nas relações de trabalho precárias. Ele também é determinante nas/das relações sociais de produção no Brasil. Daí por que das condições de trabalho dessa parcela da classe trabalhadora resultam condições de vida diferenciadas, sobretudo quando se observam o conjunto

---

a majoritária parcela negra da classe trabalhadora para os programas socioassistenciais, principalmente os vinculados à Assistência Social.

da classe trabalhadora no país[12] e as estatísticas de sua inserção nos programas sociais nos quais o Serviço Social desenvolve as suas atividades profissionais[13].

Não é ao acaso que, conforme aponta Martins (2017, p. 277), a luta antirracista no Brasil, como "[...] expressão de um lugar do(a) negro(a) — determinado pelo racismo constituído no âmbito do capitalismo brasileiro — à margem da cidadania regulada e dos processos organizativos a que são vinculadas as respostas do Estado à 'questão social'", se apresenta como ponto de partida para o reconhecer uma realidade ainda pouco estudada. Assim, tornar inteligível a questão étnico-racial que atravessa a questão social é tarefa que desafia pesquisadoras(es) das ciências sociais e, particularmente, o Serviço Social. No entanto, essa compreensão só se fará possível com o mergulho na formação social brasileira, na perspectiva de apreender os processos e as determinações que as forjaram como condição indispensável do modo de produção capitalista aqui constituído. Sem essa apreensão, é impossível entender as determinações que conduzem a estreita relação entre raça e classe no Brasil e, por sua vez, será impossível compreender a relação das lutas antirracista e anticapitalista.

---

12. Por exemplo, pelo "[...] fato de terem tido formas de acesso ao mercado de trabalho formal e com melhores salários, os aposentados e pensionistas brancos acabam se fazendo representar nas faixas de remunerações previdenciárias mais elevadas com intensidade superior ao que ocorre entre pretos e pardos. No ano de 2008, 8,2% dos aposentados e 6,3% dos pensionistas brancos recebiam proventos previdenciários superior a cinco salários mínimos. Entre pretos e pardos beneficiários de rendimentos previdenciários, o peso relativo dos que recebiam mais de cinco salários mínimos era de 3,8% entre os aposentados e de 2,3% entre os pensionistas. Ou seja, em ambos os casos, o peso relativo dos pretos e pardos beneficiários de rendimentos previdenciários com proventos previdenciários superior a cinco salários mínimos era inferior à metade dos beneficiários brancos" (Paixão *et al.*, 2010, p. 185).

13. A título de exemplificação: em 2009, "[...] dos cerca de 11 milhões de famílias beneficiárias do Programa Bolsa Família, em todo o país, cerca de 7,3 milhões [ou seja, mais da metade] de famílias tinham por titular pessoas de cor ou raça negra e parda" (Paixão *et al.*, 2010, p. 133). Dados do Observatório Quilombola (2008) revelam que 73,88% dos titulares do Programa Bolsa Família (entre homens e mulheres) são negros, do total de beneficiários do Programa, 93% são mulheres e 68% destas são negras.

Considerações finais

Apesar dos vários esforços empreendidos pelo Serviço Social brasileiro no sentido de análise da questão social, é recorrente a indicação das lacunas que persistem em seu debate. Algumas dessas já foram objeto de análises de estudos anteriores, as quais se constituem em importantes contribuições para pensar a questão social no Brasil. No entanto, até o momento há pouco investimento na investigação das determinações que conduzem os(as) trabalhadores(as) negros(as) a marcarem presença massiva nas principais expressões da questão social. Por outro lado, no âmbito da luta de classes, pouco se investiu em conhecer a luta dos(as) trabalhadores(as) negros(as) no Brasil, o que traz limites para a compreensão da própria classe trabalhadora e, consequentemente, para o entendimento da questão social no país. Estas sinalizações finais são para afirmar que o enfrentamento do que é limitado ou limitante para a compreensão da questão social deve ser um desafio ao Serviço Social brasileiro, principalmente por ela se constituir em base de fundação, formação e exercício profissional.

Referências

ABÍLIO, L. C. *et al.* Condições de trabalho de entregadores via plataforma digital durante a covid-19. *Revista Jurídica Trabalho e Desenvolvimento Humano*, São Paulo: Procuradoria Regional do Trabalho da 15ª Região, v. 3, 2020.

ASSOCIAÇÃO BRASILEIRA DO SETOR DE BICICLETA — Aliança Bike. *Pesquisa de perfil dos entregadores ciclistas de aplicativos.* São Paulo, 2019. Disponível em: https://aliancabike.org.br/pesquisa-de-perfil-dos-entregadores-ciclistas-de-aplicativo/. Acesso em: 30 ago. 2020.

BEHRING, E. R. *Brasil em contra-reforma*: desestruturação do Estado e perda de direitos. 2. ed. São Paulo: Cortez Editora, 2008.

BOSCHETTI, I. *Seguridade social e trabalho*. Brasília: Letras Livres; Editora UnB, 2006.

COUTINHO, C. N. Uma via 'não-clássica' para o capitalismo. *In*: D'INCAO, M. A. (org.). *História é ideal*: ensaios sobre Caio Prado Júnior. São Paulo, Unesp/ Brasiliense, 1989.

IAMAMOTO, M. V.; CARVALHO, R. de. *Relações sociais e Serviço Social no Brasil*: esboço de uma interpretação histórico-metodológica. 10. ed. São Paulo: Cortez Editora, 1983.

INSTITUTO BRASILEIRO DE GEOGRAFIA E ESTATÍSTICA (IBGE). *Programa Nacional de Amostras a Domicílio PNAD-Contínua*. Rio de Janeiro: IBGE, 2017. Disponível em: https://www.ibge.gov.br. Estatísticas › Sociais › Trabalho. Acesso em: 28 nov. 2018.

MARTINS, T. C. S. *Racismo no mercado de trabalho:* limites à participação dos trabalhadores negros na constituição da "questão social" no Brasil. 2012. Tese (Doutorado em Serviço Social) — Universidade Federal de Pernambuco, Recife, 2012.

MARTINS, T. C. S. Racismo, questão social e Serviço Social: elementos para pensar a violação de direitos no Brasil. *Revista Inscrita*, Brasília: CFESS, ano 10, n. 14, p. 10-17, dez. 2013.

MARTINS, T. C. S. Determinações do racismo no mercado de trabalho: implicações na "questão social" brasileira. *Temporalis*, Brasília: ABEPSS, ano 14, n. 28, p. 113-132, 2014.

MARTINS, T. C. S. *Oposição entre as lutas anticapitalista e antirracista*: realidade ou erro de análise? Brasília: Ser Social, 2017.

NETTO, J. P. *Ditadura e Serviço Social*: uma análise do Serviço Social no Brasil pós-64. São Paulo: Cortez Editora, 1991.

NETTO, J. P. Cinco notas a propósito da "questão social". *Temporalis*, Brasília: ABEPSS, n. 3, 2001.

OBSERVATÓRIO QUILOMBOLA. *População negra será maioria no Brasil em 2008*. Rio de Janeiro, 2008. Disponível em: http://www.koinonia.org.br/oq/noticias-detalhes.asp?cod=8526. Acesso em: 11 dez. 2018.

PAIXÃO, M. *Desenvolvimento humano e relações raciais*. Rio de Janeiro: DP&A; LPP/UERJ, 2003. (Coleção Políticas da cor).

PAIXÃO, M.; CARVANO, L. M. (org.). *Relatório anual das desigualdades raciais no Brasil*: 2007-2008. Rio de Janeiro: Garamond, 2008.

PAIXÃO, M. *et al.* (org.). *Relatório anual das desigualdades raciais no Brasil*: 2009-2010. Rio de Janeiro: Garamond, 2010.

PASTORINI, A. *A categoria "questão social" em debate*. São Paulo: Cortez Editora, 2004.

PORCARO, R. M. Desigualdade racial e segmentação do mercado de trabalho. *Estudos Afro-Asiáticos*, Rio de Janeiro: CEAA, n. 15, jun. 1988.

SANTOS, J. S. *Particularidades da "questão social" no capitalismo brasileiro*. 2008. Tese (Doutorado em Serviço Social) — Universidade Federal do Rio de Janeiro, Rio de Janeiro, 2008.

WANDERLEY, L. E. W. A questão social no contexto da globalização: o caso latino-americano e o caribenho. *In:* BÓGUS, L.; YAZBEK, M. C.; BELFIORE--WANDERLEY, M. (org.). *Desigualdade e a questão social*. São Paulo: Educ, 2000.

YAZBEK, M. C. Pobreza e exclusão social: expressões da questão social no Brasil. *Temporalis*, Brasília: ABEPSS, Grafline, ano 2, n. 3, 2001.

CAPÍTULO 8

Indígenas, Terra, Trabalho e Serviço Social*

Elizângela Cardoso de Araújo Silva

* SILVA, Elizângela Cardoso de Araújo. *Indígenas Pankararu no sertão de Pernambuco*: vida, deslocamentos e trabalho. 2020. Tese (Doutorado) — Universidade Federal de Pernmbuco, Recife, 2020. Também são apresentadas na tese as condições de vida e de produção próprias da vida indígena nas aldeias no período de 1970-1990 e na realidade dos anos 2000 até o contexto da segunda década do século XXI (2019).

Indígenas e a questão ambiental

Canto das idas e voltas

Pankararu na Beira do Rio
Pankararu na Beira do Rio
Vamos juntar
Para não sentir frio
Pankararu lá no pé da serra
Pankararu lá no pé da serra
Venha pra cá
Pisar forte na terra
Pankararu na periferia
Pankararu na periferia
Venha pra cá
Se não a luta esfria
Pankararu que tá na cidade
Pankararu que tá na cidade
Vamos lutar
Nessa sociedade

Aroeira Sertaneja
Coletivo de mulheres indígenas Pankararu.

Os processos de remoção compulsória impostos pela construção da Hidrelétrica de Itaparica, no sertão de Pernambuco, atingem diretamente a condição de existência e as identidades coletivas dos povos originários da região, com mudanças impostas à produção da vida, costumes e suas tradicionalidades.

Geram empobrecimento pela transformação súbita da vida, pois as famílias passam por diversos deslocamentos entre territórios, pelo processo de urbanização imposto, construção das cidades, e atingem mesmo aqueles que, removidos para territórios camponeses, ficam afastados da vida ribeirinha. Entre as principais dificuldades, enfrentam o desafio de reorganizar a vida produtiva.

Os processos de migração compulsória dos povos indígenas no Nordeste do Brasil são resultado da questão agrária brasileira, entrelaçada objetivamente com a questão ambiental, por expressar as diversas faces da apropriação desigual de terras e dos recursos naturais, envolvendo a continuidade da exploração severa das populações que vivem no campo pelo capital, bem como a permanente expropriação com a constante expulsão destes para o espaço urbano e para redes intermitentes de assalariamento[1].

Importante destacar que nos últimos trinta anos ocorreram muitas mudanças em termos normativos referentes à relação entre povos indígenas, Estado e sociedade brasileira. Mudanças legais, porém, que não são capazes de reverter a histórica condição de abandono, empobrecimento e violência vivida pelos povos indígenas no Brasil. No entanto, expressam o avanço das conquistas do Movimento Indígena e representam a disposição de instrumentos jurídicos de apoio ao movimento reivindicativo em defesa dos direitos dos povos originários, da defesa do direito a terra[2].

O direito a terra, à demarcação das terras indígenas frente às ameaças da apropriação capitalista do campo representa a garantia

1. Segundo Martins, o entendimento da questão indígena exige a apreensão da história da terra e do conjunto de relações sociais e políticas presentes na luta pela terra que envolve, por exemplo, a descaracterização da identidade tribal pelo avanço do capital no campo (Martins, 1991, p. 134-137).

2. De acordo com o CFESS Manifesta de 2012, a questão indígena também ganha maior visibilidade em termos de avanços normativos pela significativa atuação do Movimento Indígena que ganha força no período da redemocratização política do Brasil pós-1980. "As reivindicações indígenas foram contempladas em grande parte na Constituição Brasileira de 1988, concentradas no Capítulo VII, arts. 231 e 232. Legalmente, os(as) índios(as) são reconhecidos(as) no seu modo de vida, quanto às suas formas de organização, costumes, línguas, crenças e tradições, e são assegurados os direitos originários sobre as terras tradicionalmente ocupadas por eles(as). Rompeu-se a perspectiva da integração desses povos à sociedade nacional" (CFESS, 2012, p. 2).

do desenvolvimento da singularidade indígena e sua interlocução com o complexo social total: o indígena como um ser social. Significa proteger a relação vital e simbólica da terra indígena como patrimônio cultural da humanidade que precisa ser garantido, vivo e habitado. É a garantia da produção e reprodução da vida no território, das relações entre meio ambiente, humanos e suas múltiplas relações de parentesco, de produção real e imaginária da vida. As transformações da vida indígena no campo e na cidade são a experiência da construção de novas formas de relação social, preservando tradições, com reconhecimento da ancestralidade, da origem.

A questão indígena no Brasil, como conjunto de uma realidade de múltiplos conflitos, violência, disputa, organização política, resistência e desigualdade social, apresenta-se como uma expressão da questão social, por se constituir em uma expressão das desigualdades próprias ao avanço da exploração capitalista do campo. Relatórios institucionais de importantes órgãos defensores da questão indígena no Brasil apresentam dados que comprovam a exacerbação da violência contra os povos indígenas no país, resultado do agravamento dos conflitos no campo por terra, por recursos naturais e bens comuns. São ameaças e ataques realizados por latifundiários nos confrontos por terras, o que revela a continuidade de investidas na destruição física e étnica, expressões contemporâneas da expropriação imposta à vida dos povos originários[3].

O Brasil é um país pluriétnico. De acordo com o Instituto Socioambiental (ISA):

3. O Conselho Indigenista Missionário (Cimi) registrou 111 casos, em 2018, de invasões possessórias, exploração ilegal de recursos naturais e danos diversos ao patrimônio, nos seguintes estados: Acre (7), Alagoas (1), Amazonas (13), Maranhão (9), Mato Grosso (10), Mato Grosso do Sul (3), Pará (24), Paraná (1), Pernambuco (2), Rondônia (17), Roraima (11), Santa Catarina (3) e Tocantins (8). Dois outros casos relatados abrangem os estados do Paraná, Rio Grande do Sul, Rondônia e Tocantins (Cimi, 2018, p. 66). Conferir também: Notícias sobre o povo Pankararu sobre morte, incêndios, ameaças e agressões. Disponível em: https://pib.socioambiental.org/pt/Not%C3%ADcias?id_pov=223.

> Atualmente, existem 732 terras indígenas em diferentes fases de reconhecimento, das quais apenas 491 possuem demarcação concluída. Nos últimos cinco anos, mais de 113 milhões de árvores adultas foram derrubadas dentro das Terras Indígenas. Além disso, cerca de 6% do desmatamento entre 2017 a 2021 foi provocado pela mineração, atividade ilegal e de alto impacto socioambiental. A degradação por mineração ou garimpo nas TIs aumentou 183% nesse mesmo período.

A atuação em Serviço Social deve encontrar-se na direção da defesa de um projeto ético-político de superação de toda forma de opressão e desigualdades. O conhecimento dos determinantes e das formas de reprodução/continuidade das desigualdades inter-regionais e étnico-raciais exige da profissão de Serviço Social o posicionamento comprometido com a luta em favor da proteção dos direitos dos povos indígenas.

Ainda é escassa a produção de pesquisas sobre a questão indígena em Serviço Social que possibilitem desvendar a teia de determinações sociais, políticas e econômicas das ações do Estado brasileiro e da política indigenista contemporânea, e sobre os impactos sociais dessa realidade para a vida e organização social dos povos indígenas no país.

A demarcação das terras indígenas é a principal luta do Movimento Indígena no Brasil. Propõe para os indígenas a segurança mínima de um lugar fundiário que lhes assegure meios dignos de subsistência econômica, como prevê a legislação.

Embora reconheçamos a impossibilidade da norma, de a lei por si mesma transformar a vida concreta, por reconhecer os limites da igualdade formal e da função social do sistema jurídico na sociedade capitalista, é importante destacar o avanço normativo que trata dos direitos dos povos indígenas no Brasil. A aceitação social de que as terras indígenas são "direitos originários", ou seja, antecedem a criação do próprio Estado brasileiro, é fundamental para os processos de demarcação, considerando as pressões constantes do grande capital, através do agronegócio que amplia os processos de expropriação dos povos indígenas de suas terras.

Questão indígena

Este texto pretende contribuir com a inclusão de elementos conceituais e históricos muito importantes para o estudo e produção do conhecimento sobre a história e luta dos povos indígenas no Brasil. O Serviço Social como profissão conta com grandes quadros de pesquisa da formação social do Brasil e tem enormes avanços na perspectiva de leitura crítica da realidade. No entanto, é fundamental a abertura para a análise de elementos da dimensão imaterial, subjetiva e simbólica que compreende a construção do "ser" indígena, da etnicidade nessa sociedade que é racista, xenofóbica, etnocida. Sem essa abertura, estaremos fadados e fadadas à reprodução de pensamento e ação de natureza colonizadora contra os povos originários.

A terra na formação do Brasil

> *A modernização jogou essa gente do campo e da floresta para viver em favelas e em periferias, para virar mão de obra em centros urbanos. Essas pessoas foram arrancadas de seus coletivos, de seus lugares de origem, e jogadas nesse liquidificador chamado humanidade. Se as pessoas não tiverem vínculos profundos com sua memória ancestral, com as referências que dão sustentação a uma identidade, vão ficar loucas neste mundo maluco que compartilhamos.*
>
> Ailton Krenak (2020, p. 35).

Como apresenta Krenak nesse trecho da memória de "arrancar as pessoas, arrancar das pessoas", é a expressão mais objetiva da lógica colonizadora que se atualiza cada dia. Na minha compreensão, o "liquidificador" da "humanidade" é o processo civilizatório que desumaniza, que apaga violentamente as diversas expressões do ser sobre o humano genérico e sobre as singularidades históricas, territoriais, étnicas, culturais.

A ofensiva histórica é a lógica do grande capital que, ao produzir riqueza, mercadoria, expropria, mata, empobrece, rouba, saqueia os bens naturais, os bens comuns, extingue os povos originários historicamente vistos como obstáculos ao desenvolvimento.

A análise do processo de formação histórica do Brasil deve levar em conta a exploração da força de trabalho da escravidão e o movimento de inserção nos contingentes de massas de trabalhadores urbanos e rurais.

As populações indígenas expropriadas e engolidas pelo avanço da lógica do capital e pelo modo de vida capitalista no campo vivem a dispersão e a fragmentação dos vínculos étnicos com a expansão urbana sobre seus territórios originários, violadas no seu direito a viver suas tradições, costumes, produção coletiva da vida e acesso aos bens comuns.

Colonização e formação das aldeias

Durante todo o período colonial, as populações indígenas no Brasil passaram por diferentes processos de dominação, resistência, destruição física e cultural. No caso dos povos originários, os aldeamentos representaram a fixação coletiva de indígenas em determinados territórios, como parte das estratégias da organização da produção colonial.

As aldeias indígenas resultaram das investidas da Coroa Portuguesa, com vista a garantir força de trabalho controlada e disponível para a escravidão e, com o passar do tempo, com a superação da escravidão indígena, a aldeia assume diversas funções para as relações e organização social dessas populações, chegando a representar o espaço tradicional coletivo de afirmação da identidade, da cultura e da solidariedade intergeracional.

Integracionismo

A chamada política de integração dos povos indígenas à dinâmica da vida nacional ocorreu a partir da eliminação de diferenças, supressão de particularidades étnicas e socioterritoriais. Assim, a tarefa integracionista — por considerar uma condição de transitoriedade — tinha como intencionalidade a transformação do índio, do seu estado primitivo para o estado de proletariado rural, ou seja, transformá-lo em um pequeno produtor rural, "[...] capaz de se sustentar e integrar ao mercado nacional de mão de obra" (Arruti, 1995, p. 60). A ideia de proteção era executada a partir do controle do acesso à propriedade, treinamento técnico da força de trabalho por meio da criação de postos de trabalho e de centros agrícolas.

Indigenismo, política indigenista e antropologia da administração: o poder das estruturas administrativas de classificar e controlar constituía prática das políticas de integração. O indigenismo atuou para contribuir com a chamada inserção do indígena à sociedade nacional por atos oficiais, planos, de modo a construir métodos de tratamento dos nativos, considerados com incapacidade civil pelo Código Civil de 1917.

O poder tutelar exercido pelo Serviço de Proteção aos Índios e Localização dos Trabalhadores Nacionais (SPILTN) atuou para manter o monopólio sobre o exercício de diversos poderes sobre os povos nativos com o uso de técnicas e práticas administrativas. As populações foram destruídas, submetidas através da guerra ou como componente de variados sistemas e modos de dominação hegemonizados pelos conquistadores e, assim, a população indígena passou a ser objeto do poder tutelar. Foram intensificadas as táticas do poder tutelar, tais como: deslocamentos de territórios, fixação em territórios — postos de dominação; indução ao abandono a práticas de diversas dimensões étnicas da vida, separados em arredios os semisselvagens (Lima, 1995).

Conforme Baniwa (2012), na década de 1970, emerge um movimento pan-indígena que ganhou ampla dimensão no continente latino-americano e conquistou direitos constitucionais nas décadas de 1980 e 1990 — defesa do direito à particularidade e à diversidade e denúncia das injustiças étnicas. No Brasil, com a aprovação da Constituição de 1988, a ideologia da unicidade do Estado se afirmou como coisa do passado.

A Constituição Federal de 1988, em seu art. 231, define:

> São reconhecidos aos índios sua organização social, costumes, línguas, crenças e tradições, e os direitos originários sobre as terras que tradicionalmente ocupam, competindo à União demarcá-las, proteger e fazer respeitar todos os seus bens. § 1º São terras tradicionalmente ocupadas pelos índios as por eles habitadas em caráter permanente, as utilizadas para suas atividades produtivas, as imprescindíveis à preservação dos recursos ambientais necessários a seu bem-estar e as necessárias a sua reprodução física e cultural, segundo seus usos, costumes e tradições (Brasil. Constituição Federal de 1988, no § 1.º de seu art. 231).

Dados da presença indígena no Brasil

De acordo com o Instituto Brasileiro de Geografia e Estatística (IBGE) de 2022, há cerca de 1.7 milhão de indígenas autodeclarados (0,83% da população total do Brasil). Cerca de 1.108.970 residentes em localidades indígenas. No levantamento das localidades indígenas, consta que estão distribuídas em 827 municípios brasileiros 5.494 agrupamentos indígenas, onde 4.648 estão dentro das terras indígenas e 846 fora desses territórios. Foram identificadas 977 localidades indígenas, considerados os casos com presença desses povos.

Conhecer a história e a luta de um povo é, antes de tudo, a abertura de espaços de aproximação, diálogo e garantia da voz das populações indígenas, para que possam relatar sobre suas especificidades e realidades.

Cultura e identidade

Não podemos renunciar ao debate do direito à cultura, à identidade, à ancestralidade. As definições de "culturalismo" como ênfase e centralidades para estudos das populações indígenas não podem jogar fora o debate do direito à cultura, à diferença, à identidade.

Os estudos das opressões e explorações também devem incluir os riscos das imposições analíticas, do cerceamento do direito à pluralidade, das imposições e exclusões epistemológicas. A reprodução da atividade colonizadora pode ocorrer de forma etnocida nos bancos da produção da ciência.

A violência cometida contra os povos tradicionais exacerba-se. Violência, etnocídio e empobrecimento dos povos indígenas no Brasil compõem processos históricos seculares, como parte da continuidade da exploração colonial, antecedem as formas tipicamente capitalistas de etapas avançadas desse modo de produção.

A ameaça à vida e a resistência por viver dos povos indígenas encontram-se no seio da questão agrária e urbana no Brasil, como luta pelo reconhecimento por parte do Estado de direitos sociais e coletivos, como cotidiano de enfrentamentos à expropriação, à violência e à morte.

O indígena foi violentamente "integrado", fazendo parte do crescimento do operariado agrícola e fabril que se deu com a expansão das fronteiras agrícolas e com a industrialização no país; porém, em condição de destruição cultural e étnica por ocultamento, perseguições e não condição de viver sua identidade étnica, que é identidade da vida coletiva, organização social, tradições, crenças e costumes das cosmologias indígenas de territórios singulares.

O direito à diferença, livre de preconceito e racismo

A noção de identidade, segundo Roberto Cardoso de Oliveira, possui duas características:

> [...] a pessoal ou individual e a social ou coletiva, estando as duas noções interconectadas. A identidade étnica está mais ligada à identidade social, de modo que é a afirmação do "nós" diante dos outros: [...] quando uma pessoa ou um grupo se afirmam como tais, o fazem como meio de diferenciação em relação a alguma pessoa ou grupo (Cardoso de Oliveira, 2007, p. 120).

Grupos étnicos se definem, se identificam valendo-se de simbologias culturais (elementos religiosos, raciais); identidades históricas caraterísticas contrastivas com símbolos étnicos (Peruzzo; Oz, 2020). Um grupo étnico apresenta-se por elementos materiais e imateriais, objetivos e subjetivos do ser em uma unidade de cultura — traços culturais manifestos diferenciados. É produto das transformações sociais a existência de interconexões entre grupos étnicos (Peruzzo; Oz, 2020).

A identidade como elemento da vida social não se encerra em si, mas não há transformação social e defesa de direitos sem considerar a existência de diferenças e peculiaridades identitárias nas relações sociais.

> Identidade presente no debate da luta de classe. A identidade é elemento concreto e subjetivo. Não podemos falar só de identidade, não podemos deixar de falar da identidade. O respeito e proteção do direito à identidade, diversidade identitária é uma questão social, política (Haider, 2018, p. 31).

A particularidade da vida de indígenas que vivem no campo é marcada pela identidade e por processos históricos sociais e econômicos de construção da ruralidade: A ruralidade não só como território agrícola, mas também como um espaço de vida onde as pessoas desenvolvem laços sociais, culturais, de trabalho e de pertencimento (Kraemer, 2006).

É fundamental reconhecer a presença de povos e comunidades tradicionais no contexto urbano, em situações de desigualdades que afetam essa população nas cidades, ofensivas ao direito à diferença e ao respeito étnico dos povos originários. A vida indígena na cidade em particular pode representar viver fora dos territórios tradicionais de origem, o que é historicamente resultado do desenfreado avanço da urbanização sobre o campo, sobre os territórios indígenas (Silva; Sossa, 2021).

6. Demandas para a atuação de assistentes sociais

Nós, assistentes sociais, atuamos em diversos contextos socioassistenciais: na docência, na composição de equipes técnicas, na operacionalização de serviços públicos ou na gestão das políticas públicas. É preciso atenção às demandas dos povos indígenas, especialmente na construção do planejamento social e de instrumentos de gestão.

É fundamental conhecer para respeitar: história de cada povo, cultura, costumes, crenças, modo de vida, de organização, condições socioeconômicas; construir juntos, planejamentos e mapeamentos participativos, garantir segurança cultural, valores de cada grupo étnico; superar a visão integracionista e tutelar — homogeneizadora; observar o marco legal — Convenção 169, OIT — consulta e participação direta e prerrogativas constitucionais; dialogar com movimento, comunidades, chamar para ouvir, discutir, construir em conjunto.

Considerações finais

Observam-se alguns destaques para a atuação na política de assistência social: empobrecimento dos povos indígenas em diversos contextos, demandas de construção de espaços adequados em serviços, como serviços de convivência; atenção à condição da vida indígena em situação de rua, à demanda das moradas e trabalho coletivo; ao respeito pela participação direta de lideranças indígenas em instâncias de controle social. Devem-se avaliar e analisar coletivamente a qualidade da oferta de serviços itinerantes, a construção de laços de confiança e atendimentos significativos contínuos junto à realidade dos povos do campo.

Que na cidade, famílias indígenas possam ter acesso e preparações para o entendimento, em seu tempo, da participação e construção coletiva da oferta de serviços.

Que a saúde indígena em sua oferta de subsistema atenda de maneira participativa e diferenciada, construindo mapas epidemiológicos das famílias indígenas em diferentes contextos, respeitando as especificidades epidemiológicas e socioculturais, as demandas da saúde mental destes povos e determinantes ambientais da saúde indígena.

A situação dos povos indígenas em diversos contextos para ter acesso à previdência é um debate urgente em Serviço Social, considerando a condição transitória da vida, os índices altos de não letramento e condições de extrema precariedade do trabalho, seja pela exploração da condição de empregado rural, seja pelas informalidades em contextos urbanos, como destacam Almeida e Veronese (2020).

A partir das reflexões apresentadas, surgem demandas que apontam a importância do Serviço Social no envolvimento com essas questões, inclusive uma relacionada à própria atuação, questionando qual seria a conduta adotada pelo profissional para que ele consiga compreender de forma crítica essas contradições presentes no processo político de identificação e reconhecimento, e demarcação de territórios indígenas e quilombolas.

É fundamental o estímulo, no espaço acadêmico, à inserção e apoio aos espaços de debates, formação, pesquisas sobre o respeito às formas peculiares de produção e reprodução social da vida nos territórios das comunidades, o espaço coletivo da vida, acesso aos bens comuns, a vivência das tradições, relação de ancestralidade nos espaços de sociabilidade, como os ritualísticos de cada povo que alimenta, que cuida, que cura, que dá energia e força para o enfrentamento e resistência social.

Referências

ALMEIDA, J. R. de; VERONESE, O. Seguridade social para quem? Reflexões sobre a (im)previdência indígena no Brasil. *In*: CONGRESSO INTERNACIONAL DA REDE IBERO-AMERICANA DE PESQUISA EM SEGURIDADE SOCIAL, 2., 2020, Ribeirão Preto. *Anais* [...]. Ribeirão Preto, out, 2020. v. 2, n. 1, p. 231-252.

ALMEIDA, M. C. de. *Os índios na história do Brasil*. Rio de Janeiro: Editora FGV, 2010.

ARRUTI, J. M. P. A. Morte e vida do Nordeste indígena. *Revista Estudos Históricos*, Rio de Janeiro, v. 8, n. 15, p. 57-94, 1995.

BANIWA, G. A conquista da cidadania indígena e o fantasma da tutela no Brasil contemporâneo. *In*: RAMOS, A. R. *Constituições nacionais e povos indígenas*. Belo Horizonte: Editora UFMG, 2012.

BRASIL. Constituição (1988). *Constituição da República Federativa do Brasil de 1988*. Brasília, DF: Senado Federal: Centro Gráfico, 1988.

BRASIL. *Lei n. 12.343, de 2 de dezembro de 2010*. Institui o Plano Nacional de Cultura — PNC, cria o Sistema Nacional de Informações e Indicadores Culturais — SNIIC e dá outras providências. Brasíla, 2010.

CARDOSO DE OLIVEIRA, R. Identidade étnica, identificação e manipulação. *Sociedade e Cultura*, v. 6, n. 2, p. 117-131, 2007. Disponível em: https://revistas.ufg.br/fcs/article/view/912. Acesso em: 15 jun. 2020.

CFESS. CFESS *Manifesta*: Dia da luta indígena. Conselho Federal de Serviço Social. Gestão Tempo de Luta e Resistência. Brasília, 19 abr. 2012. Disponível em: http://www.cfess.org.br. Acesso em: 22 set. 2016.

CIMI. Conselho Indigenista Missionário. *Relatório: Violência contra os povos indígenas no Brasil*: dados de 2018. Disponível em: https://cimi.org.br/wp-content/uploads/2019/09/relatorio-violencia-contra-os-povos-indigenas-brasil-2018.pdf. Acesso em 20 out. 2024.

HAIDER, A. *Armadilha da identidade*: raça e classe nos dias de hoje. Tradução: Léo Vinicius Liberato. São Paulo: Veneta, 2018.

INSTITUTO BRASILEIRO DE GEOGRAFIA E ESTATÍSTICA (IBGE). *Censo demográfico*: principais resultados. Rio de Janeiro: IBGE, 2002. Disponível em: https://www.ibge.gov.br/estatisticas/sociais/populacao/22827-censo-demografico-2022.html. Acesso em: 18 out. 2024.

KRAEMER, L. *A assistência social e a população rural na região da produção do RS*: a (in)visibilidade como condicionante da garantia de acesso. 2006. 111 f. Dissertação (Mestrado em Serviço Social) – Pontifícia Universidade Católica do Rio Grande do Sul, Porto Alegre, 2006.

KRENAK, A. *Ideias para adiar o fim do mundo*. 2. ed. São Paulo: Companhia das Letras, 2020.

LIMA, A. C. de S. *Um grande cerco de paz:* poder tutelar, indianidade e formação do Estado no Brasil. Petrópolis: Vozes, 1995.

MARTINS, J. S. *Expropriação e violência*. 3. ed. São Paulo: Hucitec, 1991.

PERUZZO, P. P.; OZ, G. O direito à autoidentificação dos povos indígenas como direito fundamental. *Revista Eletrônica do Curso de Direito da UFSM*, Santa Maria, v. 15, n. 2, e34252, 2020. Disponível em: www.ufsm.br/revistadireito. Acesso em: 9 out. 2024.

SILVA, E. C. de A. *Indígenas Pankararu no sertão de Pernambuco*: vida, deslocamentos e trabalho. 2020. Tese (Doutorado em Serviço Social) — Universidade Federal de Pernambuco, Recife, 2020.

SILVA, E. C. de A.; SOSSA, C. O. Indígenas no espaço urbano e particularidades do Nordeste. *Serviço Social em Revista*, Londrina, v. 24, n. 2, p. 584-600, jul./dez. 2021.

CAPÍTULO 9

Transformações societárias, trabalho e Serviço Social

Edvânia Ângela de Souza

José Fernando Siqueira da Silva

Patrícia Soraya Mustafa

Introdução

O texto proposto oferece elementos para o debate sobre o atual estágio de acumulação capitalista no processo de mundialização do capital. Situa, ao mesmo tempo, as transformações societárias em curso e suas particularidades regionais, analisando o Serviço Social nessa sociabilidade. Trata-se, portanto, de abordar a profissão no movimento da história, parte de complexos processos vinculados à produção e reprodução de seres sociais diversos e constituídos nas condições objetivamente dadas pela ordem do capital como relação social.

Transformações em curso: base material e nexos históricos

Na atualidade, sobressaem as inovações tecnológicas digitais poupadoras do trabalho vivo. O capital encontrou, nas medidas de isolamento social necessárias ao enfrentamento da pandemia da covid-19, um grande estímulo para o seu avanço e disseminação para todas as áreas, inclusive nas políticas sociais públicas, impregnando as relações sociais, em todas as suas dimensões, da vida *on-line*, hiperconectada e mediada pelas infovias cibernéticas e de aplicativos de celulares (*smartphones*)[1].

1. Souza (2021, 2022a) analisa a adoção do teletrabalho no interior das Agências de Previdência Social (APS) no Brasil, especialmente, a partir do trabalho de assistentes sociais. Embora o teletrabalho se constitua como parte de um processo maior que antecede a pandemia da covid-19, foi nesse período que houve a sua adoção de forma ampliada. Todavia, os estudos evidenciam que o sistema previdenciário vinha criando os mecanismos de transposição dos

Importante destacar que esse complexo processo que marca a reprodução ampliada do capital como totalidade histórica, embora repleto de múltiplas mediações vinculadas à realidade atual, não se desconecta da fase monopolista-imperialista da acumulação capitalista (Lenine, 2008), típica do final do século XIX. O capitalismo monopolista se impôs definitivamente a partir da primeira grande crise do capital (1873-1896), reestruturou, ao longo do século XX, o velho colonialismo como neocolonialismo e dependência (Marini, 1973; Fernandes, 2009; Katz, 2020) no processo de exportação de capitais excedentes, na luta por matérias-primas baratas, novos mercados e financeirização crescente, inicialmente sustentada na fusão entre os capitais bancário e industrial. Tais condições estruturais, historicamente transmitidas (Marx, 2013a, 2013d), estabeleceram as bases materiais-objetivas que marcam diversamente a periferia do capital, particularmente a heterogênea América Latina.

De forma diferente da Europa, as regiões periféricas realizaram suas revoluções burguesas pela "via colonial", hipertardiamente (Chasin, 2000), sob o manto da modernização conservadora e do desenvolvimento desigual e combinado (Ianni, 2019; Oliveira, 2003). Isso, decerto, impacta a natureza do processo atualmente em curso nessas localidades (inclusive na América Latina), impõe particularidades ao que se convencionou caracterizar como "questão social", à formação dos Estados, à precarização e às transformações no mundo do trabalho, à captura dos fundos públicos necessários à acumulação, aos direitos e às múltiplas transformações societárias que têm impactado não homogeneamente as periferias e as regiões mais centrais.

A ordem burguesa em curso é resultado de suas últimas crises cíclicas[2], do final dos anos de 1960 e início de 1970, e da crise iniciada

---

atendimentos físicos para os ambientes virtuais, ao menos desde 2017, inclusive com a introdução do teletrabalho, que se tornou abrangente para todas as APS a partir de 2020, quando da emergência sanitária da pandemia da covid-19.

2. As crises da economia capitalista ocorrem em razão da superprodução de capital, em todas as suas formas, de maneira que uma massa de capital que foi produzida não encontra como realizar-se, portanto, valorizar-se. Isso se expressa na redução das taxas de lucro, o que

em 2008. Portanto, é importante analisar quais medidas se adotam a partir dessas crises. De acordo com Carcanholo (2014, p. 12), têm-se verificado, no geral: a) aumento da exploração da força de trabalho nos países centrais, por meio da liberalização e da desregulamentação trabalhista, acrescidas de uma política tributária regressiva e concentradora, de modo a aumentar as taxas de mais-valia nos capitalismos centrais; b) um aumento da transferência de valor, de diferentes maneiras, das economias dependentes para as centrais (corroborando a condição da dependência); c) a abertura de novos nichos de mercado, pressão do mercado mundial, a fim de obter a valorização para o capital; d) intensificação da rotação do capital sustentada em uma ampla reestruturação produtiva que também afeta a logística da compra de mercadorias necessárias no processo de distribuição daquelas produzidas, o que tem possibilitado a elevação da taxa anual de lucro; e) aprofundamento da lógica fictícia no processo de valorização do capital (Carcanholo, 2014, p. 12)[3].

A emergência da pandemia de covid-19 a partir de 2020 acentuou a mundialização econômica que já estava em curso, tanto pelo lado da contaminação, que rapidamente chegou a todos os cantos do globo, como pela desigualdade de acesso às medidas de prevenção e de tratamento. Esse processo impactou profundamente não só a vida dos setores mais expostos da classe trabalhadora: a população negra, periférica, quilombola e comunidades indígenas (Faustino; Gonçalves, 2020), como também as pessoas pertencentes ao grupo: Lésbicas, Gays, Bissexuais, Transexuais, Queer, Intersexo, Pansexual, Assexual e outras formas de vivenciar a sexualidade (LGBTQIPA+).

O sistema capitalista tem como fundamento, como sistema de dominação e controle, a busca pela ampliação das suas taxas de

---

tende a retrair o processo de acumulação de capital. Desse modo, qualquer saída capitalista para as suas crises implica não apenas formas de elevar a produção de (mais) valor, mas também (re)criar (novos) espaços de valorização para essa massa crescente de (mais) valor produzido (Carcanholo, 2014, p. 11).

3. Processo que reafirma as potentes observações marxianas esboçadas sob as condições da segunda metade do século XIX (Marx, 2013c).

acumulação, fazendo com que a exploração do trabalho vivo e inovações do trabalho morto (sistema maquínico) impliquem a renovação constante da organização e gestão do trabalho, com novas nuances da exploração, também marcadas pela opressão, especialmente, de gênero/sexo e étnico-racial/cor. Portanto, desenvolvem-se inovações tecnológicas, impondo a sua dinâmica para as relações sociais em geral e, particularmente, de trabalho. São implicações para todas as dimensões da vida, que não se limita à esfera produtiva, pública ou privada, mas invade todos os poros. Isso, certamente, está relacionado à tendência relativa, com o adensamento da concentração e da centralização do capital de ampliar os investimentos em capital constante em detrimento ao capital variável, o que endossa a absoluta atualidade da lei geral da acumulação capitalista (Marx, 2013b).

A partir da pandemia da covid-19, as relações sociais de trabalho no Brasil, já amplamente caracterizadas pela informalidade e profunda exploração do trabalho, foram aprofundadas conforme surgiram novos padrões de consumo e de relações de trabalho mediadas pelas plataformas digitais, as quais, deve ser dito, já existiam (Souza, 2021). Todavia, adquiriram ampla visibilidade social a partir da emergência sanitária, que diante das necessárias medidas de isolamento social para conter as curvas de contaminação pelo novo coronavírus, estimularam o uso do teletrabalho e demais interações econômicas, sociais, culturais, educacionais, entre outras, a partir das plataformas digitais. Portanto, conceitos como Inteligência Artificial (IA), Big Data, Inteligência das Coisas (IoT), automação avançada, internet 5G, impressão 3D, entre outros, passaram a ser utilizados com mais frequência no cotidiano, e as relações sociais de trabalho, já marcadas pelo trabalho informal, ganharam novos estímulos sob a panaceia do empreendedorismo e digitalização da economia e do trabalho (Antunes, 2018).

Há um evidente encontro desse movimento de inovações tecnológicas digitais, reestruturação produtiva do trabalho, neoliberalismo e globalização econômica, com amplos investimentos de capitais em novas tecnologias, especialmente, do meio digital e de computação avançada, poupadoras de força de trabalho e substitutivas das clássicas relações sociais de trabalho, considerando particularidades regionais associadas às condições historicamente transmitidas no processo de constituição da ordem do capital. Resulta, pois, em sérias implicações para a jornada laboral e salários, como também para os direitos sociais, que a partir da implantação do neoliberalismo e sua política de ajuste fiscal são profundamente afetados.

Não obstante, com a emergência sanitária da covid-19, o Estado foi obrigado a investir um pouco mais em políticas sociais, sobretudo, em decorrência da insuficiência dos equipamentos, especialmente, de trabalho, saúde e assistência social, o que de nenhuma maneira melhora as condições de trabalho e vida da classe trabalhadora, mas apenas impede, em certo grau, que mais setores desta ingressem nos índices de pobreza e/ou miséria. No entanto, há que dizer que houve diferenças no "alargamento" desses investimentos nos diferentes cantos do mundo, nas condições especiais ora descritas. Ademais, ainda que no contexto da emergência sanitária, não houve o abandono das políticas residuais, tampouco a reversão do processo de mercantilização das políticas sociais públicas que vêm sendo sistematicamente transferidas para o chamado terceiro setor, com o predomínio das políticas focais e das relações sociais de trabalho terceirizadas (Souza; Celis; Inácio, 2021).

É nesse contexto de emergência em que despontam as amplas mudanças que já eram vigentes, mas que foram amplamente generalizadas no modo de organizar a produção, o trabalho e a forma Estado (Mascaro, 2013), acompanhados de intensas inovações tecnológicas, numa complexa fusão entre os meios físicos, biológicos e digitais (Schwab, 2016), em que desponta o trabalho de plataformas, na vigência da ideologia do empreendedorismo ou pseudoliberdade. Na maioria dos países, em diferentes estágios e nas mais distintas modalidades de trabalho, está em ascensão o trabalho por meio de plataformas digitais, adepto ao liberalismo econômico. Assim, no lugar de direitos trabalhistas e vínculos formais, desenvolveu-se uma tríade dispersiva que inclui:

a) desemprego estrutural do sistema capitalista avolumado pelo desemprego tecnológico, criando-se, assim, um cenário composto por uma multidão de pessoas desempregadas ou em busca de trabalho, dispersa e espalhada nos vários espaços e diversas localidades do mundo (*crowdwork*) (Cláudio Jannotti da Rocha)[4];

b) plataformização do trabalho compreendida a partir da reunião de uma multidão de trabalhadoras(es) por meio da conexão em internet e de aplicativos de localização (*app*). Segundo Rocha (2019), diante da necessidade de renda, cada vez mais, os chamados para cadastros em aplicativos de *software* (*app*), na Web, têm sido os responsáveis em agregar verdadeiras multidões para as mais variadas atividades, que vão desde os serviços de entrega e de compartilhamento de viagens até a realização de microtarefas, trabalhos administrativos, de tradução, de criação e atividades em uma infinidade de áreas, reunindo trabalhadores(as) de várias localidades do mundo (*crowdwork).* À ordem temática das inovações do trabalho mediado por plataformas comparece também o que vem sendo denominado trabalho *on demand*, "[...] através de aplicativo, né, dominado por empresas que são pautadas pela tecnologia em trabalhos, às vezes, tradicionais, como a entrega de mercadorias, trabalho em escritórios, nós temos também a uberização..." (Cláudio Jannotti da Rocha), que ganhou mais visibilidade no Brasil, a partir da pandemia de covid-19, mas é anterior a ela, vale dizer;

c) maior controle do capital sobre o trabalho, apesar de muitas atividades mediadas por plataformas se caracterizarem pela complexidade e pela exigência de especialidades. Em contraposição à especialização funcional exigida pelos avanços tecnológicos, tem ocorrido a desvalorização do trabalho vivo — especialmente aquele situado nas plataformas digitais —, podendo coincidir com maior nível de qualificação profissional, recebimento por tarefas, soldos muito rebaixados. Isso tem exposto a força de trabalho ao

4. Entrevista realizada com o professor doutor Cláudio Jannotti da Rocha (Universidade Federal do Espírito Santo), conforme projeto de pesquisa *O trabalho em tempos de indústria 4.0: consequências sociais e de saúde para o trabalho*, em andamento, com apoio do CNPq (06293/2021-8).

> pagamento por tarefas e submetida à realização de microtarefas e de atividades repetitivas, rotineiras e fragmentadas, ou ainda, a atividades realizadas sob demanda, *on demand*, "[...] quando o trabalhador espera ser acionado e vive na maior adrenalina, porque não sabe quando vai ser demandado... Ele vive na incerteza" (Cláudio Jannotti da Rocha).

A distribuição das tarefas por plataformas digitais ocorre sem necessariamente se configurar em vínculos de trabalho e, portanto, isenta de qualquer garantia ou seguranças trabalhistas e sociais. Resultantes desse processo são os altos índices de informalidade do trabalho, com precarização amealhada pelos discursos (ideologia) que imputam aos próprios trabalhadores e trabalhadoras a responsabilidade pelas condições e qualidade dos serviços prestados, sob o signo de maior liberdade, pseudoliberdade.

Ludmila Abílio, durante entrevista[5], discutiu a "uberização do trabalho". Explicitou que há um engajamento das(os) trabalhadoras(es) sem experiência prévia no desenvolvimento de trabalhos antes feitos por profissionais credenciados para tal. Cita, como exemplo, a função de motoristas de táxis, que, até então, passavam por certas certificações para o desenvolvimento do trabalho, o que não é exigido para a função de motoristas em empresas de viagens por aplicativos. Portanto, para Ludmila Abílio, "[...] o trabalho amador se instalou junto com os aplicativos". Todavia, é necessário que existam condições de ter um celular e internet para operacionalizá-lo. Tudo funciona por meio desse aparelho conectado à rede. A permanência no trabalho pode ocorrer a partir das avaliações feitas pelos clientes e pela dedicação ao trabalho, ficando disponível às demandas de trabalho e aceitando-as ainda que os custos de viagens e de entregas em determinados lugares não sejam nem um pouco atrativos.

---

5. Entrevista com Ludmila Costhek Abílio realizada em setembro de 2019, conforme projeto de pesquisa *O trabalho em tempos de indústria 4.0: consequências sociais e de saúde para o trabalho*, em andamento, com apoio do CNPq (06293/2021-8).

Caio Antunes, durante entrevista, destacou que a "uberização" se tornou uma categoria analítica importante nos dias de hoje. "É preciso evidenciar que ela não se limita apenas ao trabalho realizado em uma determinada plataforma, nem sequer em outros aplicativos de transporte de passageiros e/ou de entregas" (Antunes, 2022), mas se estendeu para a sociedade, avançando para todas as áreas, num processo complexo de perda de direitos e de aprofundamento da precarização do trabalho[6], que se acentua no contexto de desemprego estrutural.

Dados atuais sobre o desemprego em importantes regiões do planeta confirmam essa tendência. Os índices de desemprego na Europa (EPDATA, ago. 2023) indicam, ainda que parcialmente, a força deste processo na periferia do capital, mas igualmente a presença dele nas regiões centrais. Países como Espanha, Grécia, Estônia, Itália, Croácia e Portugal, periferia europeia, apresentaram, respectivamente, índices de desemprego de 11,5%, 10,9%, 7,6%, 7,3%, 6,9% e 6,2%. Ao mesmo tempo, Suécia, França, Finlândia, Bélgica, Dinamarca, registraram valores relevantes para esses países: 8,0%, 7,3%, 7,3%, 5,5% e 4,4%, respectivamente. No mesmo período, o índice médio na União Europeia foi de 6,4% e o da Eurozona 5,9%.

Segundo a Organização Internacional do Trabalho (OIT), os maiores índices regionais de desemprego, em 2023, encontravam-se na África Setentrional (11,2%), Estados Árabes (9,3%) e Ásia Central e Ocidental (7,8%). No mesmo período, América Latina e Caribe, parte

6. "O 'patrão' dessas pessoas é o aplicativo — 'patrão' entre aspas porque a relação é mais complexa do que uma contratação direta. Em segundo lugar — se voltarmos à Teoria do Valor —, de onde vem o ganho da pessoa proprietária dos meios de produção, no caso o aplicativo? Do trabalho não pago aos trabalhadores e às trabalhadoras; é a exploração do trabalho que permite o ganho. A existência de um patrão de si próprio pressupõe que este também seja, por dedução lógica, também empregado de si próprio. O patrão de si próprio vai extrair mais-valor de quem para poder tirar o seu ganho? De si próprio. A figura do Barão de Münchhausen (Löwy, 2010) — que puxou a si mesmo pelos cabelos para fora de um poço de areia movediça — nos ajuda um pouco aqui. Essa metáfora aponta para a ideia de que depende apenas da própria pessoa a sua condição e sucesso, assim como o Barão, que dependia apenas de si mesmo para se livrar da situação difícil em que se encontrava (Antunes, 2022). Enquanto os custos do trabalho são repassados às(aos) trabalhadoras(es), reduzem enormemente os custos de produção para a empresa, que não precisa arcar com os custos de aquisição, manutenção, seguros, impostos (do veículo), alimentação, descanso semanal remunerado ou licença-maternidade, férias etc." (Antunes, 2022, p. 5).

da periferia do capital, atingiram 6,5% (OIT, 2023): Brasil, 8,0% — IBGE; Argentina 6,2% — Trading Economics; Chile, 9,0% — Investing.com; Uruguai, 7,8% — julho 2023 — Instituto Nacional de Estatística. Em contrapartida, os melhores índices encontravam-se nas localidades cujos países concentram os capitais: Ásia oriental (4,4%, onde se insere a China), Ásia sul oriental e pacífico (2,4%) e América do Norte (4,0%).

É importante destacar que os dados de emprego formal não registram a precarização e a intensificação aí contidas, ou seja, a espécie de empregos criados e disponíveis, bem como não captam o alto grau de informalização das atividades laborais desempenhadas. Junte-se a isso a explícita tendência de baixo crescimento da economia mundial, mesmo com seu processo de recuperação após a administração dos efeitos devastadores da pandemia da covid-19 (Silva, 2021).

Portanto, ainda que seja necessário reconhecer que a intensificação e a precarização do trabalho têm aprofundado a devastação social nas periferias do capital (inclusive a latino-americana), reafirmando e reatualizando a dependência destas regiões, esse processo não se limita a essas localidades. As políticas de austeridade são consideradas o moderno "mantra do neoliberalismo" (Harvey, 2010, p. 26). Mészáros (2015), por sua vez, diz que essas medidas assim caracterizadas estão sendo impostas pelos governos capitalistas à classe trabalhadora, afetando seriamente esta última em detrimento do "interesse de manter a rentabilidade de um sistema fetichista e cruelmente desumanizador" (Mészáros, 2015, p. 26). Mais do que isso, o autor expressa que a atual crise estrutural (Mészáros, 2002) ativa do lado do capital um compromisso mais direto do Estado na "continuidade da sobrevivência do sistema".

Serviço Social e a atual gestão do pauperismo

Quais são os impactos da precarização das relações de trabalho, sua intensificação, para o Serviço Social?

Como classe trabalhadora, pode-se dizer que as(os) próprias(os) assistentes sociais que atuam no campo da reprodução social da força de trabalho — como especialização do trabalho coletivo — têm sofrido diversos impactos. Isso se observa pelo tipo de contratação a que são submetidas(os): trabalhos temporários, *part time*, pessoa jurídica (PJ), por pregão, entre outras formas, com baixíssimos salários. Ademais, devido ao aumento da demanda, gerada pelos processos de pauperização da classe trabalhadora, o trabalho digital tem impactado a sua vida como trabalhadora(or) assistente social para além de suas relações laborais.

Em consequência, há um aumento da demanda de trabalho, sobretudo para as(os) profissionais que atuam no Sistema Único de Assistência Social (SUAS) e no Sistema Único de Saúde (SUS), e isso impõe inúmeros desafios. Ademais, cumpre reconhecer que a digitalização da economia invade também as políticas sociais públicas, que a partir da pandemia da covid-19 vêm sendo profundamente reestruturadas e impondo maior carga de trabalho a partir das plataformas digitais. O cotidiano de trabalho fica muito mais submetido às necessidades de acesso à internet, às plataformas, aos inúmeros cadastros e até mesmo à realização de entrevistas por videoconferência. Os registros e cadastros *on-line* podem favorecer o trabalho, no sentido de criar uma rede de informação de fácil acesso, o que possibilita maior integração entre os serviços e equipes multiprofissionais, como é o caso, por exemplo, do G-SUAS. Todavia, servem, ao mesmo tempo, para intensificar a fiscalização e a não duplicidade no atendimento, procedimentos típicos voltados à "otimização" e ao uso "responsável" dos fundos públicos destinados à gestão do pauperismo. Ademais, exigem a maior disponibilidade de tempo profissional para o registro das informações no sistema, o que pode implicar um tipo de trabalho que se desvincula do atendimento às pessoas que demandam os serviços, para se reter mais às exigências dos sistemas, o que pode criar um afastamento do atendimento mais humanizado, com maior aproximação com o trabalho intersetorial, com a rede de serviços, comunidade e maior interlocução com os Conselhos de Direitos e movimentos sociais.

Isso, de partida, requisita um tipo de profissional essencialmente operativo, nada intelectual, com perfil predominantemente técnico, pouco reflexivo, o que empurra a profissão e os(as) profissionais para a gestão acrítica da pobreza extrema. Portanto, debilita suas condições crítico-criativas, tende a promover uma decadência geral na formação profissional, precariza suas condições como trabalhador(a), reduz suas condições objetivas de intervenção na divisão social e técnica do trabalho, ao mesmo tempo que afeta negativamente as condições de vida das pessoas atendidas pela profissão (Silva, 2023).

Também devem ser registradas as dificuldades que a população usuária encontra para efetivar os diversos cadastros nas plataformas *on-line* dos mais variados serviços, por exemplo, os benefícios previdenciários e o Benefício de Prestação Continuada (BPC), os quais passaram a ser requisitados por meio do site "Meu INSS", mas, para isso, é necessário, além de ter acesso à internet, criar senha, ter e-mail de referência, escanear documentos, entre outros. Tais demandas, como constatado em estudos anteriores (Souza, 2021; Souza, 2022a; Souza, 2022b), exigem suporte e apoio social, o que, geralmente, recaem sobre as assistentes sociais da Previdência Social e também nas equipes trabalhadoras dos Centros de Referência de Assistência Social (CRAS).

Assim, além de contratações laborais precárias, instáveis, sob baixos salários e geridas a partir das exigências de produtividade, presentes nas políticas sociais públicas e nos contextos de trabalho de assistentes sociais, há ainda que considerar que, nem sempre, estas(es) profissionais contam com salas para o atendimento individual, computadores e estabilidade da conexão de internet (Souza; Anunciação, 2020). Tudo isso em um cenário do trabalho contemporâneo que se baseia, cada vez mais, nas mediações com as plataformas digitais e quantificação de atendimentos, em um contexto de aprofundamento neoliberal e adoção das medidas restritivas de direitos, fator que tem exposto assistentes sociais às demandas complexas e urgentes, porém sem condições de receberem o adequado atendimento às necessidades apresentadas, reverberado em um quadro social de sofrimento ético e cansaço (Souza, 2022b). Há ainda que considerar a elevação da jornada extraordinária de trabalho, que ganha novas tonalidades com o teletrabalho e demais intermediações digitais que permitem o trabalho para muito além de sua jornada.

Um dos desafios básicos é que estas(es) profissionais compreendam que o seu trabalho, ainda que possa assumir facetas diversas a partir das condições objetivas e subjetivas existentes, não vai "resolver" ou "eliminar" a questão social, suas refrações. Embora isto possa parecer óbvio, trata-se de uma observação necessária no âmbito da profissão com o objetivo de debelar possíveis formas de idealismo ainda presentes na área. Isso é importante para que as(os) assistentes sociais não se sintam frustradas(os) e/ou com todo "peso do mundo em suas costas". Para tanto, a crítica é essencial, o que pressupõe ir para além das aparências, a fim de entender os limites e potencialidades do trabalho profissional.

Ademais de entender os limites e potencialidades do trabalho profissional, é preciso compreender e analisar os limites e possibilidades do Estado e das políticas sociais. O Estado, como formação social do capital, é um Estado capitalista, que existe para a realização deste sistema em última instância, ainda que também possa ser capturado pelos interesses da classe trabalhadora (e isso aconteceu parcialmente, em condições muito especiais, na segunda metade do século XIX e no século XX)[7]. Com a chegada e permanência do neoliberalismo, e com este, um determinado enfraquecimento das organizações sindicais e das lutas sociais em geral (associado intrinsecamente aos processos de precarização do trabalho), o Estado é fortemente capturado para a realização do capital em crise. Isso leva, no geral, a um enxugamento dos direitos sociais e, por conseguinte, das políticas sociais. Falamos "no geral" porque há momentos de maior e menor inflexão a depender das forças políticas que ocupam o Estado, das pressões sociais e conjunturais, como no caso da pandemia da covid-19.

---

7. As lutas operárias a partir da segunda metade do século XIX e a Revolução Russa de 1917, por exemplo, impuseram contextos internacionais adversos à acumulação capitalista.

Com isso, ao fim e ao cabo, temos uma conjunção de elementos: precarização do trabalho X, aumento da demanda para o Serviço Social e políticas sociais X, retração das políticas sociais, que dificultam/ limitam deveras o trabalho de assistentes sociais.

Nesse ponto, podemos nos indagar: então nada pode ser feito? Ou o que fazer?

Nós, assistentes sociais, temos a tarefa neste devir histórico de evidenciar aquilo que se prenuncia como evidente. Ou seja, precisamos agir como intelectuais que pensam o concreto para reconstruí-lo mentalmente, propondo intervenções profissionais crítico-criativas, tendo a realidade como ponto de partida ineliminável. É dever ético-político desconstruir as aparências, revelar as causas estruturantes dos fenômenos para que não os naturalizemos e para que possamos pensar como enfrentá-los, ainda que parcialmente nesta sociabilidade, rumo a uma sociedade em que o imperativo da igualdade social, no seu sentido pleno, prevaleça. Mas há que se reconhecer que as condições objetivamente dadas para o exercício profissional têm requisitado o seu oposto: o técnico operativo, funcional, bem adestrado, polivalente, ágil, habilitado virtualmente, competitivo, submisso à dinâmica da ordem em curso, considerado, por isso, "competente". Trata-se, portanto, de algo que não poderá ser enfrentado unicamente pelos órgãos de defesa da profissão e pelas(os) profissionais, mas para além deles (incorporando-os).

É preciso "defender a democracia" e os direitos sociais, uma seguridade social estatal universal, ampla, ainda que seja necessário qualificar o que de fato significam nos processos comprometidos com níveis crescentes de emancipação social. Neste sentido, as políticas sociais são "mediações necessárias para o enfrentamento das expressões da questão social" (Iamamoto, 2007). Ou, ainda, conforme destaca Mustafa:

> No dia a dia do trabalho profissional se faz necessário superar a "tensão entre trabalho alienado e projeto profissional" (Iamamoto, 2017), exercitando segundo Mota (2017) "a relativa autonomia" profissional;

caso contrário sucumbimos ao pragmatismo, ao tarefismo, e não enfrentamos cotidianamente os desafios postos para a efetivação e ampliação dos direitos sociais, ainda que reconhecendo os limites destes na atual conjuntura (Mustafa, 2018, p. 12).

Considerações finais

Este texto apresentou, de forma sintética, alguns elementos das atuais transformações societárias, tendo como referência a Indústria 4.0, especialmente demarcadas a partir da pandemia da covid-19, com importantes inflexões para o trabalho, para as políticas sociais e para o Serviço Social.

A pandemia da covid-19 impactou profundamente o conjunto das determinações sociais da vida em sociedade, deu visibilidade para a destrutividade do capital, a devastação socioambiental, evidenciando a desigualdade estrutural que permeia a sociedade brasileira, afetando de forma diferente a população periférica, não branca (preto, indígena, quilombola) e LGBTQIAPNA+, sobretudo, as mulheres, com maior sobrecarga sobre as mulheres negras.

O digital é o momento predominante e mais dinâmico do capital na contemporaneidade. Todavia, como dito anteriormente, o mercado mundial segue as características originárias do mercado expansionista, desde os primórdios do sistema capitalista, perpassando pelo capital de monopólios e ganhando ampla repercussão com a financeirização e globalização econômicas. A cisão que separa quem detém os meios de produção/capital e os que possuem apenas a força de trabalho para vender como mercadoria, traço básico da acumulação capitalista, se mantém absolutamente atual. Portanto, a frequente produção de dados na internet, redes sociais, *sites* visitados, ampliação do número de pessoas e objetos conectados, Internet 5G, internet das coisas, trabalho por plataformas etc., tudo isso não significa qualquer controle sobre as plataformas e sobre os rumos que os dados produzidos têm ou terão.

Silveira (2021) destaca a produção de dados digitais como o novo petróleo no sentido da acumulação capitalista, incidindo no aumento do controle das grandes corporações, localizadas, especialmente, no Vale do Silício, EUA, sobre a vida e trabalho. Trata-se da gestão algorítmica que define o que as pessoas recebem na *timeline* das suas redes sociais, com aparência de neutralidade (Silveira, 2021). Relações sociais comparecem como relações entre coisas, que são cada vez mais autonomizadas, transformadas em fantasmagoria. A análise marxista acerca do fetiche da mercadoria se torna mais atual que nunca (Marx, 2013e).

Neste ínterim, também é digno de nota o crescimento das desinformações. A veiculação de notícias falsas, inclusive durante a pandemia da covid-19, ganhou lugar-comum com o negacionismo da ciência e da pandemia, assim como posicionamentos contrários ao isolamento social e às vacinas, discurso de ódio, estímulo e favorecimento do porte de armas e, entre outros, os discursos contrários às conquistas sociais e humanas, especialmente contra os grupos sociais mais expostos às desigualdades sociais, étnico-raciais, de gênero e sexo (Souza; Celis; Inácio, 2021). Ou seja, o cenário de intensas transformações societárias tem sido acompanhado de um contexto de ampliação do conservadorismo reacionário (Santana; Silva, 2020) e da regressão social e ideológica, impondo sérias repercussões à democracia. Certamente, há resistência, mas cumpre o registro de que a maior circulação das informações, a partir de redes sociais e sistemas de mensagens via *smartphone*, tem também contribuído para fomentar a moral das classes dominantes junto à classe trabalhadora e suas frações, na sua amplíssima diversidade, e também no meio profissional, com destaque para o Serviço Social.

As relações sociais de trabalho são adensadas pelo aumento da flexibilização, do maior tempo à disposição da empresa ou das empresas, pelos ganhos por atividade, portanto, incertos, pelos investimentos em meios de trabalho (bicicletas, motos, carros, aparelhos de celular — *smartphone* —, internet, registros em órgãos públicos, entre outros). Desse modo, a classe trabalhadora passa a enfrentar maior instabilidade em relação à sua atividade laboral, aos respectivos ganhos e às perspectivas de futuro, de segurança social. Há o aprofundamento da precarização do trabalho, acompanhada do desemprego estrutural e tecnológico. Resulta, pois, em aumento da demanda para as políticas sociais e atendimento social. Ao mesmo tempo, há um desmonte das políticas sociais estruturadoras dos direitos e da seguridade social, com maior ênfase para as contrarreformas implantadas desde 2016, quando se instalou o golpe jurídico, midiático e parlamentar que destituiu a presidenta eleita, Dilma Rousseff (PT), numa espécie de grande "acordo" da burguesia nacional e associada. Em resultado, aprofundou-se o movimento do Estado em criar restrições para o acesso aos direitos, imprimindo diversos limites para o acesso aos serviços sociais básicos ou atendendo parcialmente e de forma insuficiente, tal como são os programas de transferência de renda e o desmonte dos direitos do trabalho. Aliás, demandas do capital.

Cabe, à tradição crítica do Serviço Social, neste esterco de contradições que envolve a profissão, um caminho necessário, árduo e bastante complexo: alimentar ações anticapitalistas que articulem o trabalho profissional com múltiplos focos de resistência situados para além do Serviço Social, sem desconsiderar a importância de programas que atendam às carências humanas (o que não é menos importante). Nisto, contribuir para que demandas aparentemente isoladas que se expressam em lutas fragmentadas, por segmento, se unifiquem e componham a luta de classes. Por isso, a categoria classe social deve funcionar como esfera unificadora de demandas diversas, relevantes e genuinamente humanas, que se encontram e se reúnem nela prenhas de ações anticapitalistas progressistas. Sem qualquer concessão idealista, e tendo por base as contradições objetivas do capital e da sociedade que a perpetua (o capitalismo), isso somente será possível com um trabalho profissional intencionalmente orientado contra a ordem responsável pela produção e reprodução ampliada do pauperismo e da barbárie, ainda que dela a profissão não se descole (e não poderia fazê-lo — Silva, 2023, 2013). Ora, sem a apropriação crítica das determinações objetivamente postas e a formulação de alternativas na esfera profissional e fora dela, essa tarefa será impossível e a profissão estará condenada, no limite, às reformas sociais permitidas pelo capital.

Referências

ANTUNES, C. O trabalho no cenário da 4ª Revolução Industrial. Entrevista com Prof. Caio Antunes. *Lutas Sociais*, São Paulo, v. 26, n. 48, p. 55-61, jan./jun. 2022. Disponível em: file:///home/usuario/Downloads/47633-Texto%20do%20artigo-197313-1-10-20230604%20(1).pdf. Acesso em: 18 out. 2023.

ANTUNES, R. *O privilégio da servidão*: o novo proletariado de serviços na era digital. São Paulo: Boitempo, 2018.

CARCANHOLO, C. E. M. *Capitalismo dependente e socialismo*: ensaios sobre a economia brasileira contemporânea. São Paulo: Outras Expressões, 2014.

CHASIN, J. A via colonial de entificação do capitalismo. *In*: CHASIN, J. *A miséria brasileira* —1964-1994: do golpe militar à crise social. Santo André: Estudos e Edições AD Hominem, 2000.

EPDATA. *Tasa de desempleo por países europeos en agosto de 2023*. [*S. l.*], 2023. Disponível em: https://www.epdata.es/tasa-desempleo-paises-union-europea-enero-2022/f79873c3-6453-46ab-9543-9766d8b09bee. Acesso em: 15 out. 2023.

FAUSTINO, D.; GONÇALVES, R. A nova pandemia e as velhas relações coloniais, patriarcais e racistas do capitalismo brasileiro. *Lutas Sociais*, v. 24, n. 45, p. 275-289, 2020.

FAUSTINO, D.; LIPOLDD, W. *Colonialismo digital*: por uma crítica hacker-fanoniana. São Paulo: Boitempo, 2023.

FERNANDES, F. *Capitalismo dependente e classes sociais na América Latina*. São Paulo: Global, 2009.

HARVEY, D. *El enigma del capital y las crises del capitalismo*. Madrid: Akal, 2010.

IAMAMOTO. M. *Serviço Social em tempo de capital fetiche:* capital financeiro, trabalho e questão social. 9. ed. São Paulo: Cortez Editora, 2007.

IAMAMOTO, M. 80 anos do Serviço Social no Brasil: a certeza na frente, a história na mão. *Serviço Social & Sociedade,* São Paulo: Cortez Editora, n. 128, p. 13-38, jan./abr. 2017.

IANNI, O. *A ditadura do grande capital*. São Paulo: Expressão Popular, 2019.

KATZ, C. *A teoria da dependência 50 anos depois*. São Paulo: Expressão Popular, 2020.

LENINE, V. I. *O imperialismo* — fase superior do capitalismo. São Paulo: Centauro, 2008.

MARINI, R. M. *Dialética da dependência*. 1973. Disponível em: https://www.marxists.org/portugues/marini/1973/mes/dialetica.htm. Acesso em: 9 out. 2024.

MARX, K. A assim chamada acumulação primitiva. *In*: MARX, K. *O capital*: crítica da economia política — o processo de produção do capital. São Paulo: Boitempo, 2013a. p. 785-833.

MARX, K. A lei geral da acumulação capitalista. *In*: MARX, K. *O capital*: crítica da economia política — o processo de produção do capital. São Paulo: Boitempo, 2013b. p. 869-784.

MARX, K. A produção do mais-valor absoluto. *In*: MARX, K. *O capital*: crítica da economia política — o processo de produção do capital. São Paulo: Boitempo, 2013c. p. 253-602.

MARX, K. A teoria moderna da colonização. *In*: MARX, K. *O capital*: crítica da economia política — o processo de produção do capital. São Paulo: Boitempo, 2013d. p. 835-844.

MARX, K. O caráter fetichista da mercadoria e seu segredo. *In*: MARX, K. *O capital*: crítica da economia política — o processo de produção do capital. São Paulo: Boitempo, 2013e. p. 146-158.

MASCARO, A. L. *Estado e forma política*. São Paulo: Boitempo, 2013.

MÉSZÁROS, I. *Crise estrutural do sistema do capital*: para além do capital. São Paulo: Boitempo, 2002. p. 605-980.

MÉSZÁROS, I. *A montanha que devemos conquistar*: reflexões acerca do Estado. Tradução: Maria Izabel Lagoa. São Paulo: Boitempo, 2015.

MUSTAFA, P. S. O neoliberalismo radicalizado no Brasil: fim dos direitos sociais? *In*: ENCONTRO NACIONAL DE PESQUISADORAS(ES) EM SERVIÇO SOCIAL (ENPESS), 16., 2018, Vitória. *Anais* [...]. Vitória, 2 a 7 dez. 2018.

OLIVEIRA, F. de. *Crítica à razão dualista*: o ornitorrinco. São Paulo: Boitempo, 2003.

ORGANIZACIÓN INTERNACIONAL DEL TRABAJO (OIT). Observatorio de la OIT sobre el mundo del trabajo. *Undécima edición Brecha mundial en términos de ocupación*: los países de ingreso bajo quedarán más rezagados si no se actúa en favor de los empleos y la protección social. 31 maio 2023. Disponível em: chrome-extension://efaidnbmnnnibpcajpcglclefindmkaj/https://www.ilo.org/wcmsp5/groups/public/---dgreports/---dcomm/---publ/documents/briefingnote/wcms_883344.pdf. Acesso em: 15 out. 2023.

ROCHA, C. J. 4ª Revolução Industrial, cyberização do trabalho, trabalho e sociedade com Cláudio Jannotti da Rocha [vídeo]. Fórum de Debates e Entrevistas: Saúde do trabalhador e da trabalhadora e Serviço Social. YouTube. 2019. Disponível em: https://www.youtube.com/watch?v=ZaxrH7Tmkpc&t=1587s. Acesso em: 15 maio 2024.

SANTANA, R. S.; SILVA, J. F. S. da. Recrudescimento conservador no Brasil: bases ontológico-concretas e expressões no Serviço Social. *Libertas*, Juiz de Fora, v. 20, n. 2, p. 351-372, jul./dez. 2020. ISSN 1980-8518. Disponível em: https://periodicos.ufjf.br/index.php/libertas/article/view/32164. Acesso em: 9 out. 2024.

SCHWAB, K. *A quarta revolução industrial*. São Paulo: Edipro, 2016.

SILVEIRA, S. A. da. Inteligência artificial baseada em dados e as operações do capital. *Paulus*: Revista de Comunicação da FAPCOM, São Paulo, v. 5, n. 10, jul./dez. 2021. Disponível em: https://fapcom.edu.br/revista/index.php/revista-paulus/article/view/480/440. Acesso em: 15 out. 2023.

SILVA, J. F. S. da. América Latina: capital e devastação social. *Katálysis*, Florianópolis, v. 1, n. 24, jan./abr. 2021. Disponível em: https://www.scielo.br/j/rk/a/8nbgcNbSMnh3mcPYzBgWXYh/?lang=pt. Acesso em: 22 out. 2023.

SILVA, J. F. S. da. Perspectiva histórico-crítica y trabajo social. Procesos emancipatorios y resistencias al neoconservadurismo en América Latina. Debates, luchas y conquistas en trabajo social. Conferencias presentadas en el V Encuentro Latinoamericano de Trabajo Social. *Tandil*: Revista Plaza Pública, v. 16, n. 29, 2023. Disponível em: https://ojs2.fch.unicen.edu.ar/ojs-3.1.0/index.php/plaza-publica/article/view/1783/1620. Acesso em: 9 out. 2024.

SILVA, J. F. S. da. *Serviço Social*: resistência e emancipação? São Paulo: Cortez Editora, 2013.

SOUZA, E. Â. de. Indústria 4.0: Serviço Social no sistema previdenciário em tempos da pandemia de covid-19. *Katálysis*, Florianópolis, v. 1, n. 25, jan./mar. 2022a. Disponível em: https://www.scielo.br/j/rk/a/mn5npLYkqrnNccbXR3ZyGgk. Acesso em: 18 jul. 2023.

SOUZA, E. Â. de. *Processo de trabalho e saúde de assistentes sociais da seguridade social no Brasil*. 2022. Tese (Livre-Docência) — Departamento de Serviço Social, Faculdade de Ciências Humanas e Sociais (FCHS), Universidade Estadual Paulista, Franca, 2022b.

SOUZA, E. Â. de. A pandemia covid-19 e o teletrabalho na Previdência Social (PS). *Caderno CRH*, Salvador, v. 34, p. 1-17, 2021. Disponível em: https://periodicos.ufba.br/index.php/crh/article/view/42160. Acesso em: 18 jul. 2023.

SOUZA, E. Â. de; CELIS, A.; INÁCIO, J. R. *Vidas ameaçadas:* diálogos a respeito da pandemia de covid-19, trabalho, Serviço Social e saúde do trabalhador e da trabalhadora. Campinas: Papel Social, 2021.

SOUZA, E. Â. de; ANUNCIAÇÃO, L. Narrativas de sofrimento e trabalho profissional do Serviço Social da previdência social em tempos de indústria 4.0. *Serviço Social & Sociedade*, São Paulo: Cortez Editora, n. 138, maio/ago. 2020. Disponível em: https://www.scielo.br/scielo.php?script=sci_arttext&pid=S0101-66282020000200215. Acesso em: 18 ago. 2020.

Sobre os Autores e as Autoras

ANDRÉ DA ROCHA SANTOS — Cientista social. Doutor em Sociologia (Unesp). Professor do Instituto Federal de São Paulo (IFSP), *campus* Registro. Realizou pós-doutorado no Programa de Pós-Graduação em Serviço Social e Políticas Sociais da Unifesp.

E-mail: andrerochasantos@ifsp.edu.br

CLAUDIA MAZZEI NOGUEIRA — Graduada em Serviço Social pela Pontifícia Universidade Católica de São Paulo (PUC-SP), em 2000. É mestre, doutora e pós-doutorada pelo Programa de Pós-Graduação em Serviço Social da PUC-SP. Professora doutora titular do Curso de Serviço Social e também professora permanente e vice-coordenadora do Programa de Pós-Graduação em Serviço Social e Políticas Sociais da Unifesp (Baixada Santista). É pesquisadora Bolsa Produtividade CNPq 1D na área de Serviço Social, com ênfase em Gênero, Relações e Processo de Trabalho. Coordenadora (líder) do Núcleo de Estudos do Trabalho e Gênero — NETeG. É ainda autora dos livros *A feminização no mundo do trabalho* (Editora Autores Associados) e *O trabalho duplicado* (Editora Expressão Popular), e de diversos artigos em revistas nacionais e internacionais.

E-mail: mazzeinogueira@uol.com.br

DANIEL ARIAS VAZQUEZ — Administrador público. Doutor em Desenvolvimento Econômico (Unicamp). Professor Associado do Departamento de Ciências Sociais da Universidade Federal de São Paulo (Unifesp). Docente permanente do Programa de Pós-Graduação em Ciências Sociais e do Programa de Pós-Graduação em Serviço Social e Políticas Sociais da Unifesp.

E-mail: dvazquez@unifesp.br

EDVÂNIA ÂNGELA DE SOUZA — Assistente social. Professora associada ao Departamento de Serviço Social da Faculdade de Ciências Humanas e Sociais (FCHS), Unesp-Franca. Professora colaboradora do Programa de Pós-Graduação em Serviço Social e Políticas Sociais — PPGSSPS — Mestrado Acadêmico da Unifesp-Baixada Santista. Colaboradora do Programa de Pós-Graduação em Serviço Social da Unesp-Franca. Coordenadora do Grupo de Estudos e Pesquisas: Mundo do Trabalho, Saúde do Trabalhador e da Trabalhadora e Serviço Social (GEMTSSS) e coordenadora do grupo de extensão universitária, Grupo de Alfabetização em Paulo Freire.

E-mail: edvania.angela@unesp.br

ELIZÂNGELA CARDOSO DE ARAÚJO SILVA — Indígena do povo Pankararu. Doutora em Serviço Social pela Universidade Federal de Pernambuco (2020). Coordenadora de estudos e projetos do Coletivo Indígena Pankararu Aroeira. Coordenadora de pesquisa da Fundação de Amparo à Ciência e Tecnologia do Estado de Pernambuco (Facepe).

E-mail: elizpankararu@gmail.com

FRANCISCA RODRIGUES PINI — Assistente social. Docente do Curso de Serviço Social e do Programa de Pós-Graduação em Serviço Social e Políticas Públicas da Unifesp. Tutora do Programa de Educação Tutorial (PET) Educação Popular e Integrante do Grupo de Estudo, Pesquisa e Extensão sobre Crianças, Adolescentes e Famílias (GCAF).

E-mail: francisca.pini@unifesp.br

GABRIELA PEIXOTO ORTEGA — Advogada, especialista em Processo Civil pela Faculdade Damásio de Jesus, integrante da Rede Nacional de Advogadas e Advogados Populares (Renap). Diretora de Direitos Humanos da Associação Cultural José Martí da Baixada Santista, articuladora da Campanha Nacional Despejo Zero, assessora de Organizações não Governamentais e movimentos populares em temas relacionados ao direito à cidade, reforma urbana e políticas públicas.

E-mail: gabriela.ortega@uol.com.br

GEOVANA LUCIA BATISTA LOUREIRO — Assistente social. Mestranda do Programa de Pós-Graduação em Serviço Social e Políticas Sociais (PPGSSPS) da Unifesp e integrante do Grupo de Estudo, Pesquisa e Extensão sobre Crianças, Adolescentes e Família (GCAF).

E-mail: glb.loureiro@unifesp.br

HELIDA LIMA DE SOUZA — Mestra em Serviço Social e Políticas Sociais pela Unifesp/Baixada Santista. Membra do Grupo de Estudos, Pesquisa e Extensão "Fundamentos do Serviço Social: ética, formação e trabalho profissional". Graduada em Serviço Social pela Universidade Estácio de Sá. Graduada em Direito pela PUC-GO. Assistente social no Tribunal de Justiça do Estado de São Paulo.

E-mail: helida.lima@unifesp.br

JOANA DAS FLORES DUARTE — Doutora em Serviço Social. Professora no curso de graduação e pós-graduação em Serviço Social na Unifesp. Coordenadora do Grupo de Trabalho Feminismos, Resistencias y Emancipación de Clacso. Professora colaboradora no Programa de Pós-Graduação Interunidades em Integração da América Latina (Prolam/USP).

E-mail: jf.duarte@unifesp.br

JOSÉ FERNANDO SIQUEIRA DA SILVA — Assistente social. Professor Titular do Departamento de Serviço Social da Unesp-Franca. Docente permanente do Programa de Pós-Graduação em Serviço Social da Unesp e colaborador do Programa de Pós-Graduação em Serviço Social e Políticas Sociais da Unifesp. Bolsista produtividade do CNPq.

E-mail: jose.siqueira-silva@unesp.br

MARIA DE FÁTIMA FERREIRA QUEIRÓZ — Professora do Departamento de Políticas Públicas e Saúde Coletiva e do Programa de Pós-Graduação em Serviço Social e Políticas Sociais da Universidade Federal de São Paulo (Unifesp), da Baixada Santista.

E-mail: fatima.queiroz@unifesp.br

MARIA LIDUÍNA DE OLIVEIRA E SILVA — Assistente social. Docente do Curso de Serviço Social e do Programa de Pós-Graduação em Serviço Social e Políticas Sociais da Unifesp/Baixada Santista. Integrante do Grupo de Estudo, Pesquisa e Extensão sobre Crianças, Adolescentes e Família (GCAF). Bolsista produtividade do CNPq.
E-mail: liduoliveira90@gmail.com

PATRÍCIA SORAYA MUSTAFA — Professora Doutora do Departamento de Serviço Social da Unesp, do *campus* de Franca. Professora Doutora do Programa de Pós-Graduação "Serviço Social e Política Social" da Unifesp, *campus* Baixada Santista. Bolsista "María Zambrano — Unión Europea — NextGenerationEU".
E-mail: patricia.mustafa@unesp.br

PRISCILA FERNANDA GONÇALVES CARDOSO — Professora Associada do Programa de Pós-Graduação em Serviço Social e Políticas Sociais e Coordenadora do Curso de Serviço Social da Unifesp/Baixada Santista. Membra do Grupo de Estudos, Pesquisa e Extensão "Fundamentos do Serviço Social: ética, formação e trabalho profissional". Membra da Comissão Permanente "Mães Unifespianas" na Pró-Reitoria de Assuntos Estudantis e Políticas Afirmativas (Praepa). Membra do Coletivo MaternaCiência. Membra do Coletivo feminista, classista e antirracista Maria vai com as outras.
E-mail: pcardoso@unifesp.br

RAIANE PATRÍCIA SEVERINO ASSUMPÇÃO — Doutora em Sociologia. Professora Associada da Unifesp. Pesquisadora do Centro de Antropologia e Arqueologia Forense (CAAF) da Unifesp. Docente permanente do Programa de Pós-Graduação em Serviço Social e Políticas Sociais da Unifesp.
E-mail: raiane.assumpcao@unifesp.br

REIVAN MARINHO DE SOUZA — Assistente Social. Mestre e Doutora em Serviço Social. Professora de Graduação e do Programa de Pós-Graduação em Serviço Social (PPGSS) da Universidade Federal de Alagoas (Ufal). Integrante do Grupo de Pesquisa sobre Reprodução Social e atualmente diretora da Faculdade de Serviço Social/ FSSO-UFAL.
E-mail: reivan.souza@fsso.ufal.br

RICARDO LARA — Professor do Departamento de Serviço Social da Universidade Federal de Santa Catarina (UFSC) e do Programa de Pós-Graduação em Serviço Social da UFSC.

E-mail: ricardo.lara@ufsc.br

TÂNIA MARIA RAMOS DE GODOI DINIZ — Assistente social. Doutora e mestre em Serviço Social pela Pontifícia Universidade Católica de São Paulo/PUC-SP. Professora Adjunta do Curso de Serviço Social e do Programa de Pós-Graduação em Serviço Social e Políticas Sociais da Universidade Federal de São Paulo, *campus* Baixada Santista. Vice-coordenadora do Grupo de Estudos e Pesquisas Metropolitanas em Políticas Sociais e Serviço Social (MEPSS/PPGSSPS). Membro da coordenação ampliada do Grupo Temático de Pesquisa/ABEPSS Questões Urbanas, Agrárias e Ambientais e Serviço Social. Vice-presidente da Federação Internacional de Trabalho Social, Região América Latina e Caribe.

E-mail: tgdiniz@uol.com.br

TEREZA CRISTINA SANTOS MARTINS — Pós-doutora em Serviço Social (Universidade Federal do Rio de Janeiro). Doutora em Serviço Social (Universidade Federal de Pernambuco). Mestra em Desenvolvimento e Meio Ambiente (Universidade Federal de Sergipe — UFS). Graduada em Serviço Social (UFS). Docente de Graduação e de Pós-Graduação em Serviço Social da UFS. Coordena o Grupo de Estudos e Pesquisas em Trabalho, Questão Social e Movimento Social (CNPq/UFS).

E-mail: martins65@academico.ufs.br

TEREZINHA DE FÁTIMA RODRIGUES — Assistente social. Docente no curso de graduação em Serviço Social e no Programa de Pós-Graduação em Serviço Social e Políticas Públicas da Unifesp, *campus* Baixada Santista. Membro do Grupo de Estudos e Pesquisas Metropolitanas em Políticas Sociais e Serviço Social (MEPSS/PPGSSPS). Coordenadora do Grupo de Estudo e Pesquisas Fundamentos do Serviço Social — ética, trabalho e formação (Unifesp). Pós-doutoramento em Serviço Social na PUC-SP (2023).

E-mail: terezinha.unifesp@gmail.com

